智能空战实时辅助决策

—方法研究—

王　栋　姜龙亭　寇雅楠　薛国红　吴　斌　著

電子工業出版社
Publishing House of Electronics Industry
北京·BEIJING

内 容 简 介

现代化空战形态的演变对空战平台和机载武器系统提出了更高的要求。与此同时，装备性能的提升也对飞行员提出了更为严苛的要求。面对丰富的信息数据和剧烈变化的空战态势，留给飞行员进行决策判断的时间急剧缩短，这就要求飞行员必须快速做出机动决策。但是，这必然会导致飞行员的决策失误率上升，战机的生存概率下降，进而影响空战效果。目前，在空战对抗训练中，攻防双方对抗激烈，态势环境日趋复杂，飞行员在空战中误判态势、贻误战机、错失有利占位的情形也在呈上升趋势。为了有效应对信息化条件下的攻防对抗，本书对智能空战实时辅助决策方法进行了阐述。全书主要包括空战态势要素提取、空战态势评估、攻击占位决策及机动规避决策4个部分的内容，着力解决辅助决策系统中的态势快速感知、攻击占位、机动规避决策问题。

本书适用于对智能空战辅助决策感兴趣的读者。

图书在版编目（CIP）数据

智能空战实时辅助决策方法研究 / 王栋等著. —北京：电子工业出版社，2020.4
ISBN 978-7-121-38395-3

Ⅰ. ①智…　Ⅱ. ①王…　Ⅲ. ①人工智能—应用—空战—决策方法—研究　Ⅳ. ①E824-39

中国版本图书馆 CIP 数据核字（2020）第 022200 号

责任编辑：刘小琳
印　　刷：北京虎彩文化传播有限公司
装　　订：北京虎彩文化传播有限公司
出版发行：电子工业出版社
　　　　　北京市海淀区万寿路 173 信箱　　邮编 100036
开　　本：720×1 000　1/16　印张：8　　字数：110 千字
版　　次：2020 年 4 月第 1 版
印　　次：2024 年 1 月第 4 次印刷
定　　价：88.00 元

凡所购买电子工业出版社图书有缺损问题，请向购买书店调换。若书店售缺，请与本社发行部联系，联系及邮购电话：（010）88254888，88258888。

质量投诉请发邮件至 zlts@phei.com.cn，盗版侵权举报请发邮件至 dbqq@phei.com.cn。

本书咨询联系方式：liuxl@phei.com.cn，（010）88254538。

前　言 / Preface

随着人工智能技术广泛应用于军事装备领域，未来的战争将向智能化、无人化、高度信息化演变，现代化空战形态的演变对空战平台和机载武器系统提出了更高的要求。与此同时，装备性能的提升也对飞行员提出了更为严苛的要求。面对丰富的信息数据和剧烈变化的空战态势，如何提高飞行员战场感知能力和机动决策能力，成为当今航空装备发展亟待解决的问题。鉴于目前人工智能技术的局限性，本书仅对智能空战实时辅助决策方法进行研究。

本书以某型飞行训练系统的实际数据为研究基础，以一对一空战的战术辅助决策为研究背景，对战术辅助决策系统中态势特征提取、空战态势评估、智能体自主决策 3 个问题进行研究。

本书完成的主要工作如下：

（1）构建空战态势分类模型和态势特征提取模型。以某型飞行训练系统记录的空战数据为研究对象，以改进的密度峰值聚类算法为基础将某场空战的态势数据聚类为敌方优势、我方优势、双方均势、双方劣势 4 类。在此基础上，分别对各类态势数据采用主成分分析法提取出某一态势类型下的态势特征。掌握态势特征与态势类型的对应关系可以进一步提高飞行员对空战态势的感知能力。

（2）构建动态变权重的空战态势评估模型。针对态势评估中常权求和带来的信息动态性不够灵活的问题，本书在优势函数的基础上，基于贝叶斯态势分类模型，提出了动态变权重的近距空战态势评估方法。该方法考虑空战态势的变化特点，对评估的指标权重随态势类型变化做出动态调整；充分利用态势信息，刻画不同态势类型情况下指标对态势值的贡献值大小；通过空战数据仿真实验，验证本书所提方法在空战态势评估中的可行性和有效性。

（3）构建近似动态规划法的攻击占位决策模型。本书对二维空间的攻击占位决策问题进行了研究。本书针对近似动态规划法求解机动决策问题时的维数灾难问题，二维空间攻击占位决策模型，基于函数拟合的思想解决了空战状态的连续性问题；并且针对机动决策中的过冲和碰撞问题，对近似动态规划法进行改进。仿真结果表明，二维空间模型的机动决策模型能够有效避免过冲和碰撞问题。三维空间攻击占位决策模型，基于强化学习理论，在 RBF 神经网络的基础上，提出 *Q-V* 值协同逼近的状态动作值函数模型，并且采用神经网络的方法，将学习过程中得到的经验知识作为模型后续的训练样本，构建动态启发式动作搜索策略，提高了策略搜索的效率。仿真结果表明，基于 *Q-V* 值协同逼近的 RBF 神经网络智能体能够感知战场态势，并做出合理的机动决策。

（4）构建近似动态规划法的机动规避决策模型。针对空战机动规避决策之前预测敌方机动的规律，本书首先基于 Adam 优化 LSTM 网络的方法构建敌方轨迹预测模型，然后在强化学习的框架下，将预测的航迹信息作为奖励信号，采取 ε 纳什均衡策略选取机动动作，最后基于经验回放的原理，构建 Q-network 机动规避决策模型。仿真结果表明智能体可以较为准确地对敌方航迹进行预测，并且针对当前的态势做出较为合理的规避决策。

王栋、姜龙亭和寇雅楠为本书主要编写人，薛国红和吴斌也参与了本书的编写工作。由于时间仓促，加之作者水平有限，本书错误之处在所难免，恳请各位读者批评指正。真诚地希望本书的研究可以为同方向的研究者提供新的研究思路，为同领域的研究者提供一定的参考。

著　者

2019 年 12 月

目　录 / Contents

第 1 章

综　述

1.1 研究背景

随着人工智能技术的发展，未来空战不仅是战机性能和飞行员飞行技能的对抗，而且也是战机智能化水平的较量。为了夺取未来战争的制空权，各军事强国争先研究具有自主机动决策或者辅助决策能力的高性能战机。

虽然随着机载武器和各类传感器作用距离的增加，超视距空战成为目前空战的主要作战样式。但是，各型电子对抗设备的发展限制了传感器的作用距离，双方将不可避免地进入近距离格斗阶段。

现代化空战形态的演变对空战平台和机载武器提出了更高的要求。与此同时，装备性能的提升，也对飞行员提出了更为严苛的要求。面对海量战场数据和剧烈变化的空战态势，留给飞行员决策判断的时间急剧缩短，这就要求飞行员不仅具备良好的态势预判能力，能够从海量的信息中提取出反映空战态势的关键因素，实时评估战场态势；同时，也必须具备优秀的战场决策能力，引导飞机进行攻击占位决策或者机动规避决策。在日趋复杂的现代空战中，单纯依靠飞行员进行空战决策的空战形式已日益捉襟见肘。

1.2 空战辅助决策概述

1.2.1 空战决策需求分析

随着信息化、体系化作战成为现代空战的主流趋势，武器装备的更新换代速度加快，空战样式日益复杂。各种先进战机、新型空空导弹进入战场，战场数据量激增。面对海量的战场信息，完全依靠飞行员独立决策和评估的方法已经无法满足这样复杂多变的战场环境。一方面，未来空战的交战的时间将更短暂，空战对抗将异常激烈，飞行员不仅要具备态势预判能力，也应具备良好的机动决策能力；另一方面，先进的机载设备和激烈对抗的空战环境带来了海量的战场信息，这对飞行员处理信息的能力提出了更高的要求，然而当前的机载火控系统多以显示目标、载机状态信息为主，增加了飞行员目标跟踪、攻击占位、机动规避的操纵负担。这必然会导致飞行员的决策失误率上升，战机的生存概率下降，进而影响空战效能。

目前，在空战对抗训练中，攻防双方对抗激烈，态势环境日趋复杂，飞行员在空战中误判态势、贻误战机，错失有利占位的情形也在呈上升趋势。在保障“金头盔-2018”对抗考核中，经现场观摩发现，部分经验丰富的飞行员在对空战态势的把握上也是心有余而力不足，也常常因为错过机动规避的有效时机，而被对方飞机“击落”。为了降低因人为误差导致的决策失误问题，有效提升战机的生存概率，越来越多的飞行员关心如何使空战智能化，利用智能体辅助飞行员决策，实现对态势的快速感知、快速进行机动决策，最终达到作战目的。因此，提高战机的智能化水平，利用智能体辅助飞行员决策或者开发具有自主决策能力的战机将是未来航空装备的发展趋势。

智能辅助决策系统的发展将进一步推动未来空战模式的转变。一方面，这种转变减轻了飞行员操纵飞机的负担，使其从战机操纵者转变为决策者，从而有充足的时间和精力应对战场态势的变化；另一方面，借助计算机的快速计算能力和数据挖掘能力，智能辅助决策系统的应用将有助于飞行员更好地理解战场态势，预估战场态势的发展变化，使空战机动决策更加灵活、准确、成熟。因此，通过对采集的战场数据进行分析处理，利用计算机辅助决策，将态势特征、机动决策提供给飞行员将成为时代发展的必然，这对于减轻飞行员的操纵负担具有十分重要的意义。

构建智能辅助决策系统就是要解决战场态势评估、机动攻击占位决策和机动规避决策 3 个问题。类比 AlphaGo 的棋局评估器和落子选择器，智能辅助决策系统就是构建战场态势评估器、攻击占位决策器和机动规避决策器。战场态势评估器主要完成机载设备、数据链信息的融合，依据状态信息完成态势评估和关键要素提取。攻击占位决策器可在双方对抗过程中，引导我方战机快速占据优势位置，满足武器系统的发射条件。机动规避决策器在我方战机处于劣势时，能够使我方战机快速逃离不利区域，破坏敌方的攻击条件，保存我方有生力量。

1.2.2 空战态势评估

空战态势是辅助决策系统的基础。根据博伊德的 OODA 理论，空战的机动决策被称为以态势感知为核心的决策。战场态势评估结果是否合理将直接影响空战过程能否得出合理的机动决策，因此完成智能体机动决策的首要的任务是进行空战态势评估。

空战对抗环境涉及物理空间、信息空间和空间环境等信息。在一般情况下，通过机载设备、数据链可以获取大量描述空战对抗环境的原始信息，但是这些原始信息数据量巨大，并且充斥着大量的虚假和冗余信息。例如，不同设备采集的信息在坐标系和组成元素上缺乏统一性，多源信息存在冗余信息等问题。这就需要对原始信息进行预处理，依据影响飞机飞行性能的影响因子的大小，以及各个因素对攻击区影响的定性分析，选择双方态势评估的关键因素，提取出最能反映空战态势本质的特征信息，如敌我双方运动特征信息、双方机型信息、对抗空域环境信息等。

在敌我双方对抗过程中，机动决策必须以态势评估的结果作为依据，不能主观判断和盲目决策。对战场空间进行正确评估，选取合适的态势评估特征要素，有利于做出科学的判断和决策。因此，在攻防对抗中，针对不同的对抗环境信息，应依据攻击区理论综合考虑敌方作战意图对空战威胁的影响，建立空战态势评估模型，进而完成态势评估器的构建。

1.2.3 空战辅助决策

智能空战辅助决策系统是指从机载设备获得环境和飞行信息，利用计算机辅助决策，通过人机界面与飞行员交互，协助飞行员完成任务，使飞行员与飞机的协调性达到优化的智能软件系统。由于计算机在数据处理方面具有独特的优势，尤其是随着人工智能、深度学习等技术的发展，计算机在处理空战环境信息时更是拥有得天独厚的优势。因此，空战过程中繁杂重复的工作可以交给计算机完成，飞行员可以从中解放出来，分配更多精力完成任务规划和目标分配等。

辅助决策系统主要分为飞行员驾驶辅助决策系统和战术辅助决策系统两类，本书主要介绍战术辅助决策系统。飞行员驾驶辅助决策系统的目的主要是帮助飞行员根据空战环境和状态操纵飞机，确保飞机飞行时的稳定性和安全性；战术辅助决策系统的目的主要是帮助飞行员在高对抗环境中完成战术引导。战术辅助决策系统可以在已知空战态势信息的情况下，预测敌方的航迹变化和未来的态势变化情况，通过智能算法完成攻击占位和机动规避决策的序列决策。其目的是在保证我方安全的情况下，通过机动使敌方进入我方的攻击范围，或者在我方处于劣势的情况下，机动规避敌方的攻击范围。

战术辅助决策系统与飞机交联概念图如图 1.1 所示，图 1.1 右半部分为飞机与战术辅助决策系统交联部分，左半部分为战术辅助决策系统，战术辅助决策系统包括人机接口、态势分析模块、辅助分析决策模块、系统管理模块、执行管理模块和信息融合模块。人机接口主要完成飞行员与机载计算机的交互管理功能，通过计算机完成与其他机载系统的通信，加速飞机与飞行员之间的信息流动；态势分析模块包括态势感知、态势预估、态势评估3个模块，它主要为后续的决策模块提供决策依据；辅助分析决策模块主要包括攻击占位决策模块和机动规避决策模块；系统管理模块是辅助决策系统在机载计算机中必不可少的一个模块，主要负责完成系统集成的功能、管理各个模块之间的通信、维护算法程序等；执行管理模块主要是实现操纵辅助的功能。信息融合模块主要对战术辅助决策系统和飞机各个传感器采集的信息进行融合。

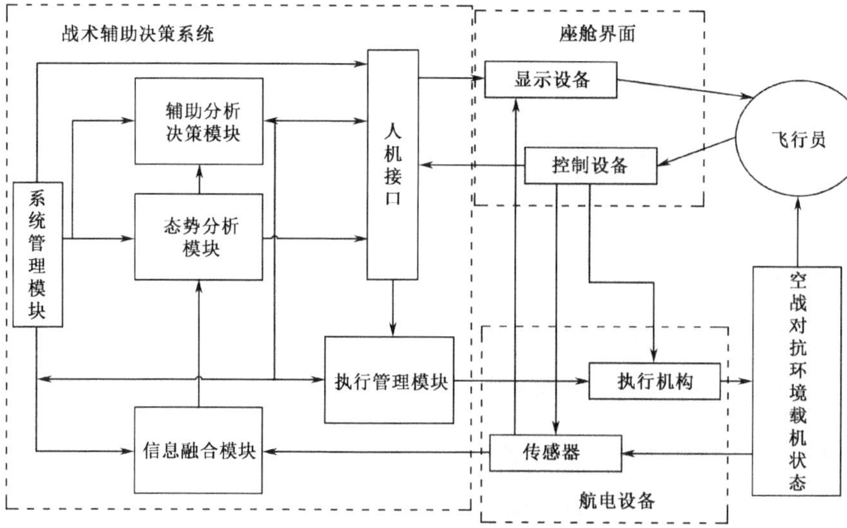

图1.1 战术辅助决策系统与飞机交联概念图

辅助决策系统的任务主要包括空战态势信息的处理、攻击占位控制的自动化和机动规避控制的自动化。空战态势信息的处理主要是处理机载设备和数据链收集的态势信息，通过计算转化为方便计算机处理的有价值的状态信息，该任务面临的主要困难是各型数据的标准化和数据缺失问题。攻击占位控制的自动化主要针对作战任务，根据动态变化的空战状态实时选择机动动作，并形成控制指令，通过人机接口提示飞行员采取合适的机动动作，确保战机攻击占位，满足武器系统的攻击条件。机动规避控制的自动化主要应对我方处于劣势的情形，及时提示飞行员采取合理的机动策略，快速逃离敌方的优势区域，避免被敌方攻击。

1.3 国内外研究现状分析

为了提高航空装备的作战效能，有效应对未来空战的潜在威胁，随着计算机技术和人工智能技术的发展，目前国内外专家学者对空战辅助决策系统开展了大量研究，其中部分研究已经应用于工程实践。

1.3.1 空战态势评估研究现状

态势评估是空战决策的基础，客观的评估结果是智能空战辅助决策的关键环节。为了使空战辅助决策系统早日应用于工程实践，专家学者针对态势评估进行了大量研究。空战态势评估分析方法主要有非参量法和参量法两类。非参量法是将空战双方的态势信息进行定量化分析，提取出可以充分体现空战态势特征和便于量化分析的态势因素，主要包括优势函数法、人工势场法、模糊评价法和神经网络法等。参量法也称为不确定理论方法，它通过概率论相关知识刻画各个评价指标间的关系，主要包括贝叶斯网络、DS 证据理论等。

1. 国外研究现状

文献[18]中 R. P. Narayana 等人基于模糊逻辑和贝叶斯网络混合技术，开发了一种用于空战态势评估的决策支持系统——智能空战态势评估系统。该系统重点研究了飞行员的心理模型，集成了平台模型、传感器模型、实验心理模型和数据处理算法。

文献[19]中 S. Das 等人提出基于概率贝叶斯信念网络技术的战场态

势评估方法，通过实时构建信念网络、评估复杂变化的空战过程，提高了贝叶斯网络的推理效率。

2. 国内研究现状

文献[20]中杨任农等人通过聚类分析对空战态势进行分类，提取出反映目标的关键特征，对目标进行分类，并在模糊推理理论的基础上完成态势评估。

文献[21]中吴文海等人以导弹攻击区理论为基础，分析了传统空战评估模型在构造角度优势函数、速度优势函数、高度优势函数、距离优势函数时存在的不足，并针对能量优势模型的不合理性，重新构造速度优势函数、高度优势函数和角度优势函数，改进了原有的态势评估模型。

文献[22]中史振庆等人针对态势评估模型中较少考虑敌方攻击区影响的问题，在空空导弹数学模型的基础上，利用快速模拟法求得攻击区，以此为基础构建评价指标函数，加入目标机对我机的影响因素，使评价结果更加客观、全面。

文献[23]中周焘等人类比势场提出基于人工势场理论的态势评估方法，将敌机对我方的威胁及我机编队之间的协同量化为威力势和斥力势，以此来进行态势评估和后续的指挥引导。

文献[24-25]中张涛等人、文献[26]中常一哲等人和文献[27]中李志强等人基于人工势场理论构建空战环境的人工势场，重点分析了势场函数的构建机理，以及各个评价指标间动态权重的建立，为后续建立人工势场启发粒子群的空战决策提供依据。

文献[28]中 Li Gang 等人利用模糊层次分析法对反映战场态势的元素加权求和，得到综合的态势评估函数。

文献[29]中肖亮等人在 4 种特点态势环境下，从空战环境变化和编队能力两个方面进行分析，采用主成分分析法提取关建态势因素，降低评估复杂度，同时采用神经网络赋权的方法弥补了评估中主观性强和权重局部收敛的缺点。

文献[30]中王向华等人采用层次分析法获取空战状态的训练样本对，通过径向基网络确定各个状态变量之间的非线性关系，以综合威胁指数为训练目标。经过对径向基网络的学习，可以较好地逼近各个评价指标之间的权重关系，弥补了人工赋权主观性强的缺点。

文献[31]中王昱等人基于证据网络对战场的态势估计模型设计了威胁等级评估推理方法，通过引入时空融合思想和变权机制，构建动态的证据网络态势评估模型，改善了由于证据失真导致评估结果不合理的问题。

文献[32]中顾佼佼等人针对空战过程中采集信息不完备、评估结果可信度不高的问题，基于区间集对分析将区间值转换成联系数进行评估，并采用粒子群寻优的方法确定各个指标权重，这在一定程度上提高了评估结果的可信度。

1.3.2 空战辅助决策研究现状

空战辅助决策是一个动态决策问题，需要根据态势评估结果，采取对应的机动动作。目前，国内外专家学者对机动决策问题展开了大量研究。求解该问题的方法主要集中在基于规则的专家系统法、影响图法、微分对策法、动态规划法、智能优化算法和强化学习法等。

1. 国外研究现状

文献[33]中 Burgin G. H.等人通过建立态势分析结果与机动策略的映射关系来模拟飞行员的决策过程。由于专家系统法简单易行，因此已经广泛应用于国外的工业实践中。但是专家系统法也面临着移植性较差、机动动作库构造复杂的缺点。

文献[34]中 Y. C. Ho 等人将空战机动决策问题简化为追逃问题，在文献[34]的基础上建立线性追逃模型，以机动极值作为控制变量，分析飞行员的决策过程。

文献[35]中 H. Park 等人基于微分对策理论提出了一种空战机动决策自动生成方法。该方法在态势函数的基础上，构建得分函数矩阵，基于微分博弈进行计算，在动态变化的空战环境下求解最优机动。

文献[36]中 V. Kai 等人基于多级影响图法论述了机动决策的各种影响因素，在充分考虑飞行员在不确定条件下偏好的基础上，建立了飞机的动力学模型，并将多级影响图转化为非线性规划求解的动态优化问题，求解出给定偏好情况下的最优机动决策。

文献[37]中 R. E. Smith 等人建立了空战机动规则，以规则为遗传算法的个体，基于遗传算法构建空战决策模型，通过遗传算法寻优求解对应的机动策略。

文献[38]中 J. S. Mcgrew 等人以一对一空战决策问题为研究对象，将三维空战问题简化为二维平面的机动决策问题，基于近似动态规划法解决了小规模状态空间的追逃问题，但是在求解大规模状态空间问题时容易出现维数灾难问题。

2. 国内研究现状

文献[39]中魏强等人通过构建专家规则，对空对地作战的战术机动进行研究，在规则库的基础上，设计了对地攻击智能决策系统的原型。

文献[40]中傅莉等人在系统分析了专家系统法求解空战决策问题后，针对专家规则法适应性较差的问题，将滚动时域法作为决策系统的备份控制方法，这在一定程度上弥补了专家系统法的不足。

文献[41]中祝世虎等人和文献[42]中王炫等人将专家系统和遗传算法相结合，建立了进化式的专家系统模型，解决了决策系统在面临不确定情况时灵活性差的问题。

文献[43]中万伟等人在分析了空战决策的各种影响因素后，建立单步预测的多级影响图机动决策模型，通过求解离散空间的纳什均衡问题，获得效能值最大的最优控制量。

文献[44]中钟麟等人针对在不确定情况下求解机动决策问题时，多级影响图法计算量大的问题，提出分层优化策略，利用进化算法求解最优机动策略。

文献[45]中周思羽等人针对影响图法在求解时，先验似然函数确定难的问题，将随机决策理论引入决策模型，提出了基于随机准则的改进多级影响图机动决策方法。

文献[46]中钟友武等人通过预测空战双方的运动状态，将机动决策的双边问题简化为两个单边极值问题，降低了计算的复杂度，拓宽了微分对策的应用范围。同时，采用逐级淘汰的战术评价方法求得最优战术机动。

文献[47]中黄长强等人将空战决策问题简化为序列决策问题，利用近似动态规划理论，在每个决策时域，提出人工势场引导下的改进蚁狮优化算法，有效减少了策略搜索的时间。

文献[48]中梅丹等人提出零和微分对策的近似动态规划法算法，结合空战场景的态势评估函数，求解博弈双方的均衡策略。

文献[49]中徐安等人基于强化学习的框架对空战隐蔽接敌决策问题进行研究，针对状态空间连续引起的维数灾难问题，采用最小二乘拟合法对状态值函数近似求解，通过贝尔曼迭代求解最优隐蔽接敌策略。

文献[50]中孙楚等人针对连续动作空间的无人机机动决策问题，通过 Actor-Critic 强化学习框架提出基于高斯分布的连续动作选择策略，提升了模型的健壮性。

文献[51]中左家亮等人提出一种启发式的分层强化学习机动决策方法，采用神经网络启发后续的策略搜索，提高了搜索效率。

总之，基于微分对策法的决策系统由于受限于具体的数学模型，可移植性较差；影响图法在一定程度上给出了合理的空战决策行为，但是没有通过全局的战场态势信息构建决策模型，无法满足高强度的空战需要，很难应用到实践中；专家系统法通过建立态势与机动策略的映射关系来模拟飞行员的决策过程，但是专家系统难以构建完备的规则模型，并且通用性较差。非学习策略的决策方法将空战问题考虑成一个典型的数学问题，不能对空战环境进行仿真，在求解机动决策过程中，没有与空战环境的交互过程。学习策略的决策方法主要利用智能体与环境的交互信息，包括历史数据及在线实时数据，通过在未知环境下的交互，迭代求解最优的机动决策，因此基于学习策略的决策方法在面临动态复杂环境时具有较强的健壮性。本书将着重对学习策略的机动决策方法进行研究。

1.4 研究内容及结构

随着航空装备智能化的发展，采用智能空战辅助决策系统的战斗机将在未来战场占据重要位置。本书从实战训练的数据出发，主要研究空战关键态势要素的提取、空战态势评估和智能空战辅助决策方法等内容。全书共 6 章，第 2 章～第 5 章为本书的核心章节。第 2 章基于态势聚类分析了 4 类空战态势，在此基础上提取出各类态势的关键要素；第 3 章基于提取的关键态势要素构建态势评估指标，结合空战的动态性特点，建立动态变权重的态势评估模型；第 4 章和第 5 章分别研究了基于近似动态规划法的攻击占位决策和机动规避决策，完成了最优机动策略的搜索。

本书各章节结构如图 1.2 所示。

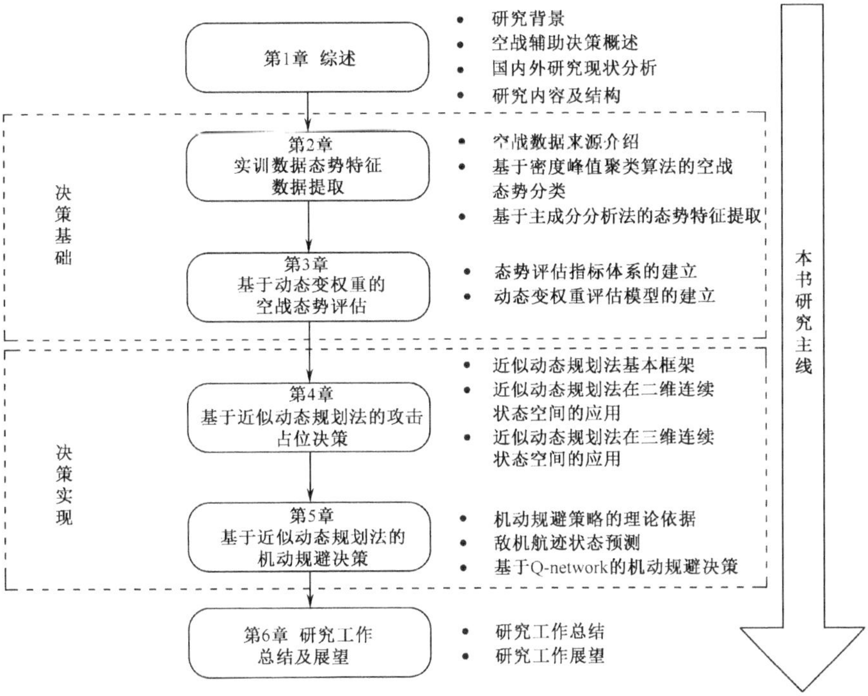

图 1.2　本书章节结构

第 1 章综述主要介绍了本书的研究背景，还介绍了当前国内外智能空战辅助决策方法的研究现状，论述了当前空战训练及实战运用中发展智能辅助决策系统的现实需求。最后对本书的章节和结构安排进行了简要介绍。

第 2 章实训数据态势特征数据提取首先基于实训数据聚类分析，将空战态势聚类分为互为均势、互为劣势、敌方优势、我方优势 4 类态势；

然后采用数据挖掘的方法，通过卷积神经网络和主成分分析法提取出反映各类态势的关键要素。通过这些关键的态势要素，飞行员可以简单明了地判断自己所处的空战环境，为后续态势评估做准备。

第 3 章基于动态变权重的空战态势评估首先分析了传统态势评估方法存在的不足，根据导弹攻击区理论构造态势评估优势函数；其次分析论述了空战动态变化过程中，各个评价指标之间所占权重动态变化的机理；最后通过线性加权获得态势函数值，实现空战态势的动态评估。该章将为后续章节研究奠定基础。

第 4 章基于近似动态规划法的攻击占位决策首先将空战问题简化为二维平面的攻击占位决策问题，同时分析二维机动过程中可能存在的过冲问题，提出惩罚因子对近似动态规划法进行改进，基于最小二乘拟合的思路求解二维平面空战的最优机动策略。然后，将近似动态规划法应用于三维空间，针对大规模状态空间存在的维数灾难，采用径向基神经网络近似求解状态值函数，并且提出 *Q-V* 值协同逼近的状态值函数近似模型，解决了新样本学习训练时产生的灾难性扰动问题。

第 5 章基于近似动态规划法的机动规避决策。智能辅助决策系统不仅应该具备完成攻击占位决策的能力，也应该具备在劣势时机动规避的能力。本章采用类似第 4 章的方法，将空战对抗理解为一个零和博弈过程，求解纳什均衡，寻找空战机动规避的最优机动策略。

第 6 章研究工作总结及展望对本书的研究内容进行了总结，分析了本书研究的不足及未来该领域的研究发展方向，计划了下一步的研究重点。

第2章

实训数据态势特征数据提取

2.1 引言

空战攻防过程中，涉及物理空间、信息空间和空间环境等信息。在一般情况下，通过机载设备、数据链可以获取大量描述空战对战环境的原始信息，但是这些原始信息数据量巨大、种类繁多、数据类型不统一，而且还存在模糊不清的情形，并且充斥着大量的虚假和冗余信息。例如，不同的机载设备侦测到的信息在坐标系、组成元素上缺乏统一性，多源的数据带来了信息冗余问题，同时多种信息与态势类型之间缺乏关联的过程。面对这些海量数据，飞行员如何高效分析战场态势，并且依据态势信息对空战态势做出准确评估，快速准确地判断出潜在的威胁，这具有十分重要的意义。

态势特征数据提取是指对原始的空战数据进行预处理，提取出影响空战态势较为本质的特征表达，为后续的态势评估、意图分析等提供支持。因此，将空战攻防对抗环境中来自不同设备的大量、冗余、模糊信息进行关联，建立统一的数据标准、剔除冗余信息，然后从数据中提取出与空战态势相关性高、能直观反映空战所处态势的特征信息，从而减少飞行员处理信息不及时的失误，实现对空战态势的准确认知。辅助决策系统可以借助计算机的快速数据处理能力，对实时的总线数据进行处理，提取出反映空战态势的关键要素，实时地为飞行员提供直观、简化的态势信息，为后续飞行员的空战决策提供一定的技术支撑。

2.2　空战数据来源介绍

目前，现有的空战数据主要来自飞参系统和飞行训练系统。飞参系统采集的机载总线数据反映了飞行过程中各机载设备的工作状态，飞行训练结束后，飞参系统配合维护人员的人工判读，可以有针对性地排除设备故障，节省排除故障的时间。飞行训练系统是另一种飞行数据采集系统，它可以通过实时下传飞机状态信息为地面引导人员提供安全监控；飞行训练结束后，它可以复盘空战训练的全过程，为飞行员训练讲评提供依据。本书以某型训练系统采集的飞机信息为主要研究对象。

飞行训练系统主要由机载模块和地面模块两部分组成。机载模块的主要功能是采集飞行数据并向地面发送，该模块主要包括 GPS 定位模块、火控信息采集模块、导航模块和电台模块。飞机飞行时，GPS 模块主要计算飞机的位置信息；火控信息采集模块主要采集武器总线上的火控信息；导航模块主要计算载机的姿态信息；电台模块负责将采集的飞机航向、三维姿态、机载雷达信息组合成数据包，以 0.25s 的周期向地面模块发送，确保对空战态势的实时监控。地面模块主要由通信电台、显控台和数据融合模块组成，通信电台负责接收下传的飞机状态信息；显控台负责实时显示飞机的三维态势、飞行轨迹及导弹发射后的运行轨迹；数据融合模块主要完成战机态势信息的融合处理。

2.2.1　空战数据结构

空战过程中，飞行训练系统实时采集攻防对抗的态势信息，攻防对抗的态势信息包括单机态势数据和导弹发射事件数据。导弹发射事件记录导弹发射时刻双方的位置信息、速度信息及导弹是否命中目标等信息。由于单机态势数据包括导弹发射事件数据，因此本节主要对单机态势数据的数据结构进行说明。

单机态势数据反映了飞机在空战中实时的飞行状态，它由机载模块通过电台模块用数据包格式以 0.25s 的周期下传至地面模块。在一对一攻防对抗中，双方通过各自的机载模块分别下传态势信息，地面模块经过数据融合模块将双方的态势信息打包处理。也即每 0.25s 显控台收到敌我双方数据各 1 包，每包数据主要包含飞行员代号、飞行日期、飞行时长、经度、纬度、高度、速度、航向角、横滚角和俯仰角，单机态势数据结构如表 2.1 所示。

表 2.1　单机态势数据结构

参数名称	数据示例
飞行员代号	A
飞行日期	20190710
飞行时长/s	34716.75
经度	—
纬度	—
高度	—
速度	—
航向角	—
横滚角	—
俯仰角	—

表 2.1 中各项数据示例说明如下：

表 2.1 中所示数据为飞行员 A 驾驶的某型飞机的态势信息。飞行日期 20190710 表示该架次的空战对抗日期是 2019 年 7 月 10 日；为了方便后续的数据处理，我们将空战时长转换为以秒为单位的数据，飞行时长 34716.75 表示从 7 月 10 日空战开始时刻到接收数据包的时刻空战持

续了 34716.75s；当前时刻的飞机位置通过经度、纬度、高度 3 个变量确定；航向角、横滚角、俯仰角确定了当前时刻飞机的姿态。

2.2.2　空战数据预处理

由于数据包中的各项指标具有不同的量纲和量纲单位，如果直接对这些原始数据进行处理，会影响数据分析的结果。因此，有必要对采集的原始数据进行标准化处理，消除各个评价指标之间的量纲影响。经过标准化处理的数据，各个指标处于同个数量级，适合进行客观的数据分析。常见的数据标准化方法主要有最小最大标准化法、零均值标标准化法和小数定标标准化法。

（1）最小最大标准化法。该方法首先求解数据样本中各个指标的最大值和最小值，然后将原始数据映射至[0,1]区间内，两者之间的转换函数如下：

$$x^* = \frac{x - x_{\min}}{x_{\max} - x_{\min}} \tag{2.1}$$

式中，$x_{\min}$ 为数据集中某一指标的最小值；$x_{\max}$ 为数据集中某一指标的最大值。

这种方法的不足之处在于，当数据集中有新的数据加入时，数据集的最大值和最小值可能发生动态变化，需要重新计算数据集的标准化。

（2）零均值标准化法。该方法首先需要求解数据集中各个指标的均值和标准差。经过零均值处理后，数据符合标准的正态分布，即数据样本的均值为 0、标准差为 1，具体的转换函数如下：

$$x^* = \frac{x - \mu}{\sigma} \tag{2.2}$$

式中，μ 为数据样本的均值；σ 为数据样本的标准差。当数据样本求解最大值和最小值比较困难，或无法求解最大值和最小值，或存在超出某一指标取值范围的离群数据时，这种方法比较适用。

（3）小数定标标准化法。该方法主要采用移动数据的小数点位置进行标准化，其定标标准取决于该指标的最大值，具体的转换函数如下：

$$x^* = \frac{x}{10j} \tag{2.3}$$

这种方法主要由各个指标数据最大值的位数决定，当某一指标的最大值为 7821 时，则式（2.3）中 $j=4$。

由于本书采用的数据样本来自某型训练系统，其数据样本的最大值和最小值便于求解。为了简化运算，本书采用最小最大标准化法对数据进行预处理。

2.3 基于密度峰值聚类算法的空战态势分类

2.3.1 密度峰值聚类算法理论

聚类分析是一种无监督学习方法，广泛应用于图像识别、文档分类等领域，常见的聚类分析方法有 K-means、Mean Shift、DBSCAN 等。其中，K-means 方法简单、易于实现，但是局限于聚类数目和聚类中心的选择；Mean Shift 与 K-means 一样，是一种基于聚类中心的算法，但是不需要预先指定聚类中心的数目，其聚类中心由给定区域的样本均值来确定；DBSCAN 是一种基于密度的聚类分析方法，与 K-means、Mean Shift 两种方法相比，DBSCAN 能够较好地处理非球状结构的数据，可以发现任意形状的聚类，但是 DBSCAN 方法受其邻域半径和阈值两个预置参数的约束，对预置参数比较敏感，时间开销较大。2014 年，Alex Rodriguez 等人提出密度峰值聚类算法，该算法基于两个假设：①聚类中心总是被其他低密度点包围；②聚类中心与其他较高密度点间的距离相对较远。基于密度峰值的聚类算法不需要事先指定聚类的类别数，能够聚类任意形状的类簇。

密度峰值聚类算法有两个重要的变量：一是衡量数据点局部密度的变量 ρ_i，二是描述数据点相对距离的变量 δ_i。数据样本表示为：

$$\boldsymbol{X}_{n\times m}=[x_1, x_2, x_3, \cdots, x_n]^{\mathrm{T}}$$

式中，$x_i=[x_{i1}, x_{i2}, x_{i3}, \cdots, x_{im}]$，$i$=1, 2, ⋯, n；m 表示数据样本的维数；n 表示样本数。密度峰值聚类算法有高斯核和截断核两种计算局部密度 ρ_i 的方法。

（1）截断核法。该方法的表达式如下：

$$\rho_i=\sum_j \chi(d_{ij}-d_{\mathrm{c}}) \tag{2.4}$$

式中，d_{ij} 表示两个数据点之间的欧氏距离，d_{ij}＝dist(x_i，x_j)；d_{c} 表示数据点的截断距离，$d_{\mathrm{c}}>0$。函数 $\chi(x)$表示为：

$$\chi(x)=\begin{cases}1, & x<0\\ 0, & x\geqslant 0\end{cases} \tag{2.5}$$

（2）高斯核法。该方法的表达式如下：

$$\rho_i=\sum_{i\neq j}\exp\left[-\left(\frac{d_{ij}}{d_{\mathrm{c}}}\right)^2\right] \tag{2.6}$$

高斯核法和截断核法的不同之处在于：截断核法表示的局部密度是指在聚类中心邻域内样本点的个数；高斯核法表示的局部密度是指聚类中心邻域内样本点到聚类中心的高斯距离之和。当数据样本量较大时，截断核法比高斯核法更具优势；相反，在样本数量不大时，用高斯核法表示的局部密度效果较为明显。

数据点 x_i 的相对距离 δ_i 定义为：

$$\delta_i = \begin{cases} \min\limits_{j \in I_s^i}(d_{ij}), & I_s^i \neq \phi \\ \max\limits_{j \in I_s^i}(d_{ij}), & I_s^i = \phi \end{cases} \tag{2.7}$$

当数据点 x_i 的局部密度最大时，δ_i 表示数据集中与数据点 x_i 的最大距离；当数据点 x_i 的局部密度不是最大时，δ_i 表示在所有局部密度大于 x_i 的数据点中，与 x_i 距离最近的数据点之间的距离。

每个数据点的局部密度 ρ_i 和相对距离 δ_i 组成一对二维坐标(ρ_i, δ_i)，在二维平面中将其表示出来。由于聚类中心具有较大的局部密度，并且距离其他密度较高点相对较远，因此确定局部密度 ρ_i 和相对距离 δ_i 同时较大的点为聚类中心。

2.3.2　空战态势分类模型

空战过程中，敌我对峙的态势可以划分为敌方优势、我方优势、双方均势、双方劣势 4 类，这 4 类典型的态势在数据特征方面具有明显的差异。假设在多维空间内，这 4 类态势类型是聚集的，并且各类态势类型与其他态势类型之间具有较大差异。因此，本节通过密度峰值聚类算法构建空战态势分类模型。

具体的密度峰值态势分类步骤如下：

（1）数据集的标准化处理，采用 2.2.2 节中的最小最大标准化法处理样本数据。

（2）计算各个数据样本点之间的欧氏距离 d_{ij}。由于飞行训练系统采集的样本数据量较大，因此主要采用截断核法确定局部密度 ρ_i，同时确定各个样本点的相对距离 δ_i。

（3）密度峰值聚类算法在确定聚类中心时的主要依据是局部密度和

相对距离的二维图，以局部密度和相对距离同时较大的样本点作为聚类中心。为了避免确定聚类中心时人为因素的影响，本书在原来决策图确定聚类中心的基础上提出了一种新的聚类中心确定方法。在密度峰值聚类算法中，局部密度和相对距离同时作用影响聚类中心点的选择，设 $\gamma_i=\rho_i\delta_i$，γ_i 值更大的点则有更大的可能是聚类中心。对 γ_i 进行排序可知，一旦聚类中心的数目确定，聚类算法的阈值 γ_i^* 即可确定，则聚类中心即可确定。

2.4　基于主成分分析法的态势特征提取

2.4.1　主成分分析法理论

在众多的研究领域与应用中，通常需要对某一研究对象的多个属性进行观测，收集数据样本并分析其内在规律。较多的数据必然会为研究和应用分析提供丰富的信息，但是也在某种程度上造成了数据冗余。并且在很多情形下，各个变量属性之间存在相关性，这无疑又增加了数据分析的难度。因此，需要一种不仅可以减少分析指标，又可以为研究人员提供丰富、全面信息的方法。

主成分分析法（PCA）是一种常见的数据分析方法，最早是由 Karl Pearsonr 教授提出的一种多元统计方法。其主要思想是通过少数几个指标来揭示多个变量之间的内部结构，即从原始数据样本中，提取出反映该数据集的特征指标，使它们尽可能反映原始样本的信息。这种方法在本质上也是一种高维数据降维处理的方法。它的目标是通过某种线性投影，将高维数据映射到低维状态空间，以用较少的数据维度保留较多的原始数据集信息。PCA 具有算法简单和数据类型选择无要求等优点，广泛应用于数据提取、评价排序和特征提取等领域。

2.4.2 空战态势特征提取模型

在空战过程中，飞行员为了准确判断当前的空战态势，会尽可能地考虑较多的指标数据，尽量避免遗漏重要信息。考虑指标的增多也增加了问题的复杂性，不可避免地会带来大量信息冗余，这种冗余甚至会覆盖空战态势的本质特征。这种面面俱到的态势感知方式必然会增加飞行员的操纵压力，也必然会带来更多操纵失误。基于上述问题，本节以主成分分析法理论为基础来研究空战态势特征的提取，具体步骤如下：

步骤 1：根据某型飞行训练系统采集的实际数据构建 $m \times n$ 的数据矩阵 $\boldsymbol{X}$。其中，m 表示数据集中的样本个数，n 表示数据集中的指标数目，本书主要考虑经度、纬度、高度、速度、航向角、横滚角和俯仰角。经度、纬度、高度 3 个变量反映了飞机所在的空间位置，为了简化运算，我们将敌我双方的位置信息转换为双方的相对位置信息，即用双方的相对距离、相对速度、相对角度表示。数据集中共有 3 个指标的矩阵 $\boldsymbol{X}$ 为：

$$\boldsymbol{X} = \begin{bmatrix} x_{11} & x_{12} & \cdots & x_{1n} \\ x_{21} & x_{22} & \cdots & x_{2n} \\ \vdots & \vdots & \ddots & \vdots \\ x_{m1} & x_{m2} & \cdots & x_{mn} \end{bmatrix}, \quad n = 3 \tag{2.8}$$

步骤 2：求解数据集各个评价指标的平均值 $\overline{x}_j (j = 1, 2, \cdots, n)$，用每个评价指标值减去该指标的平均值，即去中心化，获得 $m \times n$ 的偏离差矩阵 $\boldsymbol{Y}$：

$$\boldsymbol{Y} = (y_{ij})_{mn} = \begin{bmatrix} x_{11} - \overline{x}_1 & x_{12} - \overline{x}_2 & \cdots & x_{1n} - \overline{x}_n \\ x_{21} - \overline{x}_1 & x_{22} - \overline{x}_2 & \cdots & x_{2n} - \overline{x}_n \\ \vdots & \vdots & \ddots & \vdots \\ x_{m1} - \overline{x}_1 & x_{m2} - \overline{x}_2 & \cdots & x_{mn} - \overline{x}_n \end{bmatrix} \tag{2.9}$$

式中，各个评价指标的平均值为 $\overline{x}_j = \dfrac{\sum_{i=1}^{m} x_{ij}}{m}, j = 1, 2, \cdots, n$。

步骤 3：计算偏离差矩阵 $\boldsymbol{Y}$ 的协方差矩阵 $\boldsymbol{C}$，协方差矩阵的公式为：

$$C = E(YY^{\mathrm{T}}) \tag{2.10}$$

式中，Y^{T} 表示偏离差矩阵 Y 的转置矩阵。

步骤 4：通过奇异值分解计算协方差矩阵 C 的特征值和特征向量。

步骤 5：对特征值进行排序，上一步中求解的最大特征值对应的特征向量即为各个评价指标的贡献率，根据贡献率为各个指标进行排序，将贡献率进行标准化处理，求得各个评价指标的权重，即可求得当前态势类型下的特征指标。

2.5 仿真分析

1. 仿真一

截取飞行训练系统某段数据作为研究样本，样本数据为 788 行、7 列。假设空战训练的 4 类态势在多维空间内聚集，则这 4 类态势将会自我聚集成一类。当采用密度峰值聚类算法对样本数据进行处理时，采用 δ–ρ 决策图进行分析，经过仿真可得图 2.1。

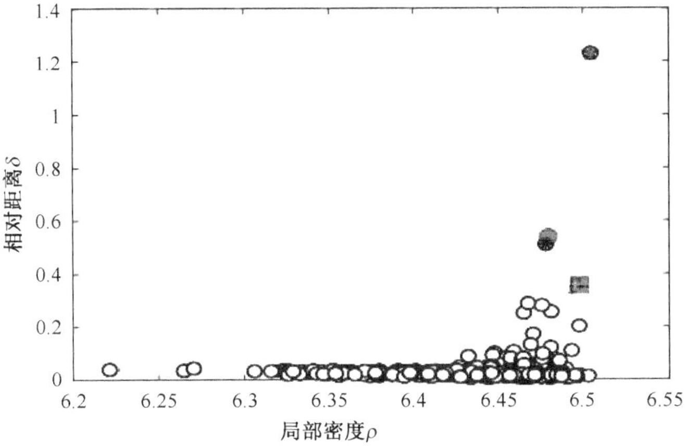

图 2.1　密度峰值聚类算法对飞行数据样本进行处理的 δ–ρ 决策图

图 2.1 中，标记点为飞行训练数据 4 类空战态势聚类中心的 δ–ρ 决策值。可以看出，4 类态势聚类中心的 δ 值和 ρ 值同时较大。虽然在 δ–ρ 决策图中存在两类聚类中心距离较近，但是依据定义可知，各类态势之间有最大的类间距离。

根据本节的改进密度峰值算法，对同一样本数据进行处理，其 δ–ρ 决策图如图 2.2 所示。

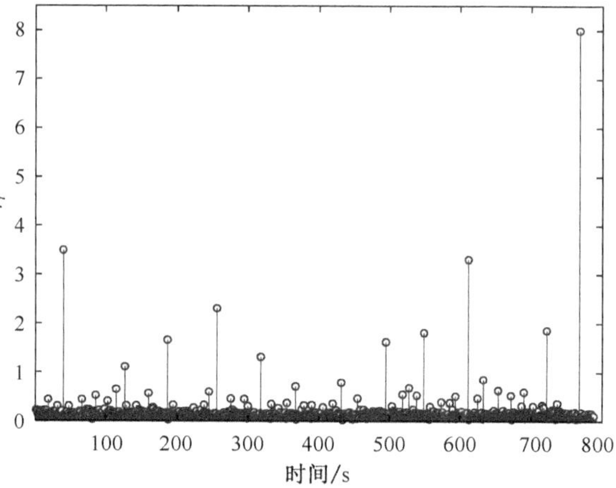

图 2.2　改进密度峰值算法的 δ–ρ 决策图

对比图 2.1 和图 2.2，图 2.1 中原始的密度峰值聚类算法在确定聚类中心时，需要人为选取决策图中 δ 值和 ρ 值同时较大的样本点为聚类中心，主观性较强。而在图 2.2 中，聚类中心的确定主要依据类簇数目，根据求解的 γ_i 值进行排序，即可直观得到飞行训练样本数据态势类型的聚类中心。由仿真分析可知，态势聚类中心在 39s、256s、612s、768s 时刻。

在确定聚类中心后，可以将飞行训练样本数据聚类分为 4 类，态势类型聚类仿真图如图 2.3 所示。

从图 2.3 中可以看出，以 39s、256s、612s、768s 时刻为聚类中心，可以将态势类型分为 4 类。结合实际飞行航迹可知，以 39s 时刻为聚类中心，可以确定这一阶段的空战态势为双方劣势；以 256s 时刻为聚类中心，可以确定这一阶段的空战态势为我方优势；以 612s 时刻为聚类中心，可以确定这一阶段的空战态势为双方均势；以 768s 时刻为聚类中心，可以确定这一阶段的空战态势为敌方优势。聚类结果表明：空战对抗训练中，为了保持优势位置或者为了避免劣势位置，双方都在互相博弈，而态势很难发生突变，在一个阶段内态势类型会保持稳定，态势类型的改变往往是对抗双方长期机动的结果。聚类结果也进一步印证了空战态势的阶段稳定性，与空战实际相符。

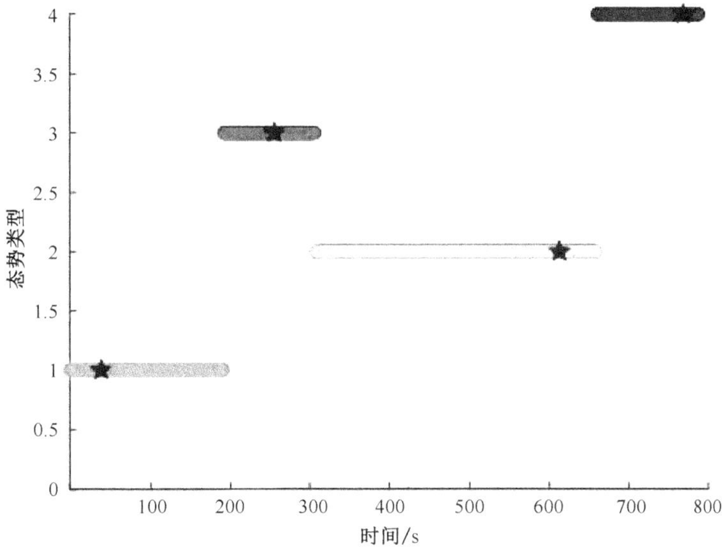

图 2.3　态势类型聚类仿真图

2. 仿真二

以聚类好的态势类型样本数据为研究对象，分别对各类态势采用主成分分析法提取其态势特征。

以我方优势的数据样本为例进行主成分分析。首先，确定其数据为 117 行、5 列的矩阵，去中心化后获得偏差矩阵，然后求解协方差矩阵，通过奇异值分解，求得特征值，最后依据特征值进行排序。特征提取仿真结果如表 2.2 所示。

表 2.2 特征提取仿真结果

态势类型	相对距离	相对速度	相对角度
我方优势权重值	0.293	0.249	0.458

根据仿真结果可知，在我方处于态势优势时，其相对角度特征较为显著，其次为相对距离和相对速度两个特征。因此，飞行过程中，根据双方的飞行数据可以预判，当我方的相对角度特征较为明显，相对距离和相对速度特征次之时，我方处于优势态势。

同理，可得其余 3 类态势特征的关键特征要素，并根据关键特征要素预判其所处的态势类型。

2.6 本章小结

本章基于密度峰值聚类算法和主成分分析法对空战态势的特征提取进行了研究。密度峰值聚类算法在确定聚类中心时，主观性较强，因此本章对聚类算法进行改进，选取 δ-ρ 决策图两个变量的乘积作为评判标准。一旦聚类数目确定，则依据聚类数目选取变量乘积较大的 4 个数据点作为聚类中心，进而将飞行训练的样本数据聚类为敌方优势、我方优势、双方均势和双方劣势 4 类态势。分析可知，聚类分析结果与空战实际相符，态势类型均具有阶段稳定性的特点。

基于主成分分析法对聚类好的态势样本进行特征提取。不同的空战态势具有不同的态势特征，掌握不同态势下的态势特征规律，飞行员可以简洁地感知所处的空战态势，减轻空战过程中处理大量信息的心理压力，直观地为后续机动决策提供支持。

第 3 章

基于动态变权重的空战态势评估

3.1 引言

航空兵部队信息化、体系化作战逐渐成为现代空战的主要作战形态，空战样式日益复杂。航空装备的更新换代速度加快，机载设备数字化、集成化程度日益提高，空战环境瞬息万变，各种各样的态势信息都加剧了飞行员的决策负担，使得飞行员无法专注于目标跟踪、攻击占位、机动规避等关键任务。近年来，“金头盔”“安纳托尼亚之鹰”等空战对抗演习也表明，随着武器装备的更新换代，战场环境日益复杂，决策失误的现象日益突显，在未来空战环境下，单纯依赖飞行员进行战术决策将捉襟见肘。因此，随着计算机自动化水平的提升，借助先进的智能控制技术对飞行员进行辅助决策，甚至空战自主决策已成为未来发展的方向。

构建空战辅助决策系统就是通过机载设备、数据链等获取本机、友机、敌机的状态信息，由计算机辅助飞行员进行战场态势信息处理，完成态势评估、战术机动、攻击或规避决策、发射武器。因此，实现空战态势的实时评估及提高评估的准确度已成为空战辅助决策系统的关键环节。

目前，专家学者评估空战态势的方法主要有非参量法和参量法两类。基于非参量法的模型主要有人工势场法、优势函数法、层次分析法、模糊评价法、神经网络法等；基于参量法的模型主要有贝叶斯网络评估法和 DS 证据评估法。非参量法的态势评估模型主要考虑空战中的态势信息，根据敌我双方的几何关系，构建速度、高度、角度、距离优势函数，对态势进行评估，具有建模简单、实时性较好的特点，在实际态势评估中应用较多。

从目前的研究来看，评估指标的权重计算主要有层次分析法、模糊逻辑法等，这些方法一般以常权的形式给定，对各个评估指标加权求和表征空战的态势值。常权评估指标仅考虑某一时刻评估指标对空战态势的影响，却忽略了态势类型对综合态势的影响。处于不同类型的空战态势，各个指标值对态势的影响程度也不尽相同。而忽略态势类型对评估值的影响，在某种程度上会产生不合理的评估结果。为了减小此问题对评估结果的影响，本章基于动态变权重理论，提出了动态变权重的近距空战态势评估方法，综合考虑动态的飞行状态和静态的飞机性能，并以贝叶斯理论为基础，根据空战所处的态势类型动态调整各个指标的权重，进而减小常权求和对评估结果的影响，构建能够为后续空战机动决策提供依据的态势评估模型。

3.2　态势评估指标体系的建立

空战环境是敌我双方军事对抗行动的客观基础，它是物理空间、信息空间共同构成的多维一体的复合战场。物理空间主要是指敌我双方的装备性能；信息空间主要是指空战过程中双方博弈的状态信息，如各种机载设备获取的信息。传统的态势评估大多数考虑了空间的几何占位信息，却忽略了装备的能力信息。然而作为空战的载体，装备的作战能力对空战也起着关键性作用，尤其是航空装备迅猛发展的现代空战。现代空战是一个双方博弈的过程，交战双方所处的态势是由双方的态势信息共同决定的。

根据系统效用理论，态势评估的指标应当具有完备性、独立性和最小性的特点。因此，为了客观地进行态势评估，建立评估体系不仅要考虑航空装备的能力评估，也包括基于空战过程的动态态势评估，具体的态势评估指标体系如图 3.1 所示。

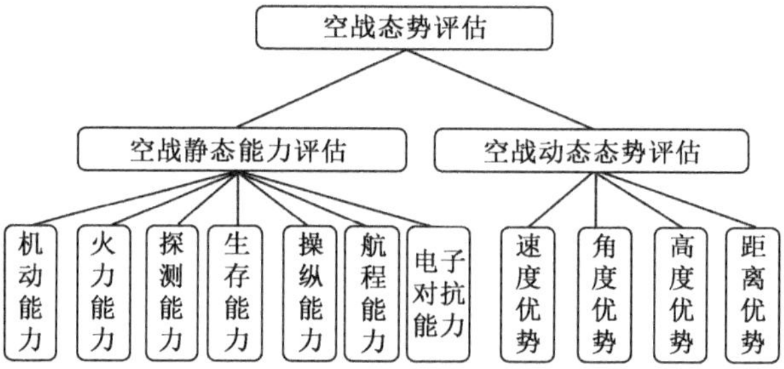

图 3.1　态势评估指标体系

在空战对抗过程中，敌我双方的能力参数和几何占位信息是进行态势评估的重要参数，双方的能力参数主要由装备的性能决定，几何占位信息关系图如图 3.2 所示。

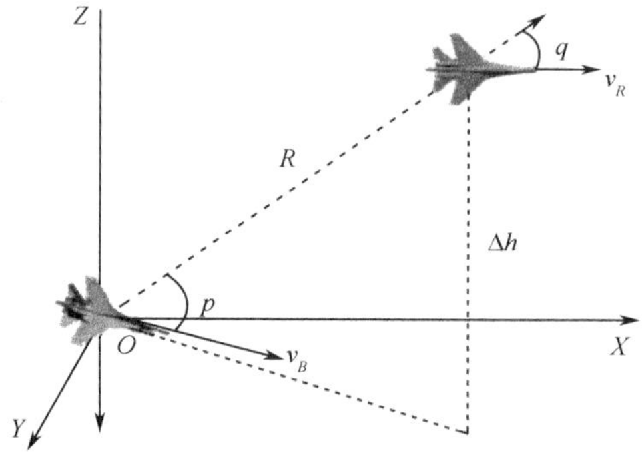

图 3.2　双方几何占位信息关系图

图 3.2 中，*OXYZ* 为以我机为坐标原点的坐标系。我机目标机的连线（目标连线）与我机速度矢量方向的夹角称为目标机的方位角，当目标机位于目标连线右侧时，方位角取正；当目标机位于目标连线左侧时，方位角取负。如图 3.2 所示，p 为目标机的方位角，方位角的取值范围为$[-\pi, \pi]$。目标连线与目标机速度矢量方向的夹角称为目标机的进入角，当目标机速度矢量位于目标连线延长线右侧时，进入角取正；当目标机速度矢量位于目标连线延长线左侧时，进入角取负。如图 3.2 所示，q 为目标机的进入角，进入角的取值范围为$[-\pi, \pi]$；v_R 为目标机的速度；v_B 为我方机的速度；R 为两机的相对距离；Δh 为两机的相对高度。

如图 3.1 所示，空战态势评估主要包括空战静态能力评估和空战动态态势评估。其中，空战动态态势评估主要依据双方的空间态势信息构建速度优势、角度优势、高度优势和距离优势，它随着敌我双方几何占位的不同而动态变化；空战静态能力评估主要包括机动能力、火力能力、探测能力、生存能力、操纵能力、航程能力和电子对抗能力，它是一个相对固化的评价指标，主要取决于空战双方的机型，不受空战过程的影响。

3.2.1　空战静态能力评估

空战静态能力评估在实际空战中涉及很多因素，为了提高态势评估的可信度及实用性，本书选取与空战能力有关的 7 个因素进行建模。基于空战静态能力的优势函数如下：

$$\begin{cases} C = \left[\ln B + \ln\left(\sum A_1 + 1\right) + \ln\left(\sum A_2\right)\right]\varepsilon_1\varepsilon_2\varepsilon_3\varepsilon_4 \\ T_c = \dfrac{C}{\max(C)} \end{cases} \tag{3.1}$$

式中，T_c 为空战静态能力优势函数；C 为作战能力参数；B 为机动能力参数；A_1 为火力能力参数；A_2 为探测能力参数；ε_1 为操纵能力参数；ε_2 为生存能力参数；ε_3 为航程能力参数；ε_4 为电子对抗能力参数。

3.2.2　空战动态态势评估

在近距离空战过程中，双方主要使用红外格斗弹进行攻击，因此双方的几何占位对空空导弹攻击区有至关重要的作用。空空导弹攻击区是指对于某种导弹而言，在目标周围空间中的一个区域，载机在此区域发射导弹时能以不低于某一给定概率命中杀伤目标；若在此区域外发射导弹，则导弹的命中率急剧下降甚至为零。空空导弹攻击区主要有 3 种表示形式：以目标机为中心的空空导弹攻击区、以攻击机为中心的空空导弹攻击区和以攻击机飞行包线表示的空空弹道攻击区。

态势评估值是衡量我方战术优势的变化量，本书主要讨论以攻击机为中心的空空导弹攻击区。空空导弹攻击区的大小和形状，受导弹性能、敌我双方的几何位置、机动能力、气象等诸多因素的影响，随着导弹发射时的状态的变化而变化。空空导弹攻击区主要由远边界、近边界和两侧边界围成，两侧边界主要由导弹的最大离轴角确定。空空导弹攻击区直观地表示了导弹在不同离轴角发射条件下的最大、最小发射距离。某型空空导弹攻击区示意图如图 3.3 所示。

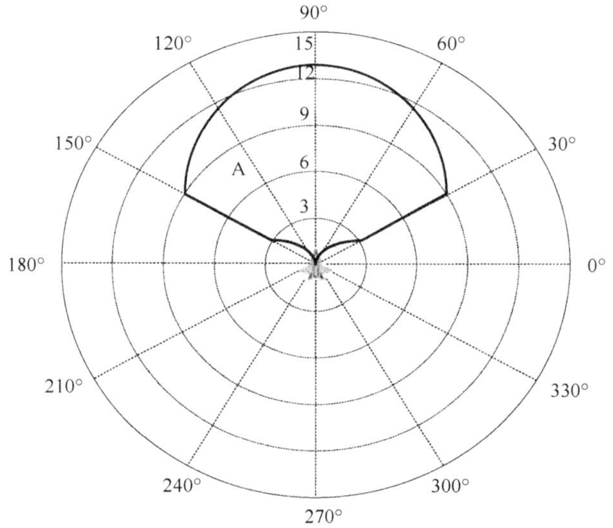

图 3.3　某型空空导弹攻击区示意图

分析空战过程可知，空战的结果应该是敌我双方能量、角度、武器发射条件相互转换的结果。依据发射区理论分析，空战动态态势评估主要考虑速度、角度、距离、高度 4 个方面的优势。分析过程所需的本机态势信息可以通过机载设备得到，目标机的参数信息可以通过载机自身的雷达或预警机数据链信息得到。

1. 速度优势函数

在空战过程中，具有速度优势的一方可以先敌进入导弹的发射包线，同时在处于劣势时，可以保全自己，迅速退出战斗；但是速度快，也会导致目标跟踪困难和转弯半径大等问题，因此必须根据空战实际动态地设计最优空战速度。当我机对敌机进行攻击，敌我双方距离大于我机的探测距离时，我机应该提升速度，以便快速接近敌机。当敌机小于我方的探测距离时，我机应该降低速度，以便对目标实施稳定跟踪。最优空战速度的计算公式如下：

$$v_0=\begin{cases}\left(\dfrac{d}{D_{M\max}}\right)^3 v_R，D_{M\max}\leqslant d\\ \left[1-\left(\dfrac{D_{M\max}-d}{D_{M\max}}\right)^3\right]v_R，D_{MT\max}\leqslant d<D_{M\max}\\ \left(\dfrac{D_{MT\max}}{d}\right)^2 v_R，d<D_{MT\max}\end{cases} \tag{3.2}$$

速度优势函数定义如下：

$$T_v=\begin{cases}\left(\dfrac{v_R}{v_B}\right)^2\exp\left(-\dfrac{v_R-v_0}{v_R}\right)，0\leqslant\dfrac{v_R}{v_B}<0.5，v_R>v_0\\ \left(\dfrac{v_R}{v_B}\right)^2\exp\left(-\dfrac{v_0-v_R}{v_0}\right)，0\leqslant\dfrac{v_R}{v_B}<0.5，v_R\leqslant v_0\\ \left[\dfrac{(v_R/v_B-0.5)^2}{4(1.0-0.5)^2}+0.25\right]\exp\left(-\dfrac{v_R-v_0}{v_R}\right)，0.5\leqslant\dfrac{v_R}{v_B}<1.0，v_R>v_0\\ \left[\dfrac{(v_R/v_B-0.5)^2}{4(1.0-0.5)^2}+0.25\right]\exp\left(-\dfrac{v_0-v_R}{v_0}\right)，0.5\leqslant\dfrac{v_R}{v_B}<1.0，v_R\leqslant v_0\\ \left[\dfrac{(v_R/v_B-1.0)^2}{2(2.0-1.0)^2}+0.5\right]\exp\left(-\dfrac{v_R-v_0}{v_R}\right)，1.0\leqslant\dfrac{v_R}{v_B}<2.0，v_R>v_0\\ \left[\dfrac{(v_R/v_B-1.0)^2}{2(2.0-1.0)^2}+0.5\right]\exp\left(-\dfrac{v_0-v_R}{v_0}\right)，1.0\leqslant\dfrac{v_R}{v_B}<2.0，v_R\leqslant v_0\\ \exp\left(-\dfrac{v_R-v_0}{v_R}\right)，2.0\leqslant\dfrac{v_R}{v_B}，v_R>v_0\\ \exp\left(-\dfrac{v_0-v_R}{v_0}\right)，2.0\leqslant\dfrac{v_R}{v_B}，v_R\leqslant v_0\end{cases} \tag{3.3}$$

2. 高度优势函数

高度优势主要考虑我方的飞机高度及敌我双方的高度差，载机本身的飞行高度影响导弹的发射区，两机的高度差反映的是双方的能量差别，这将影响导弹的射程。当双方的高度差较大时，导弹命中率下降；当挂载有相同型号的导弹时，处于高位的飞机将具有相对较远的射程。高度优势函数定义如下：

$$T_h=\begin{cases}0.5-\dfrac{1}{2}\left(\dfrac{\Delta h}{2000}\right)^2\exp\left(\dfrac{h_R-h_0}{h_0}\right), & \Delta h<0,\ h_R\leqslant h_0\\ 0.5-\dfrac{1}{2}\left(\dfrac{\Delta h}{2000}\right)^2\exp\left(\dfrac{h_0-h_R}{h_R}\right), & \Delta h<0,\ h_R>h_0\\ 1-\dfrac{1}{2}\sqrt{\left|\dfrac{2000-\Delta h}{2000}\right|}\exp\left(\dfrac{h_R-h_0}{h_0}\right), & \Delta h\geqslant 0,\ h_R\leqslant h_0\\ 1-\dfrac{1}{2}\sqrt{\left|\dfrac{2000-\Delta h}{2000}\right|}\exp\left(\dfrac{h_0-h_R}{h_R}\right), & \Delta h\geqslant 0,\ h_R>h_0\end{cases} \tag{3.4}$$

式中，h_0 表示我方飞机的最优高度差。

3. 角度优势函数

角度优势函数主要受目标的进入角和方位角影响。在空战过程中，当方位角大于传感器系统的探测角时，由于传感器探测不到目标，武器系统未满足攻击条件；当方位角小于传感器的最大探测角，并且小于武器系统的最大离轴角时，武器满足攻击条件，可以命中目标。方位角绝对值越小，导弹发射区范围越大。

进入角的大小反映了目标机对攻击机的威胁，当目标远离攻击机时，进入角为 0°，当方位角和进入角均为 180° 时，形成了典型的追击态势；当进入角为 180° 或-180° 时，表示目标机向攻击机靠近，当进入角为 180° 且方位角为 0° 时，形成典型的正迎头态势。角度优势函数定义如下：

$$T_a=\begin{cases}\left(1-\dfrac{|p|}{4p}\right)\exp\left(-\dfrac{|q|}{\pi}\right), & |p|\leqslant\lambda_{R\max},\ q\in[-\pi,\ \pi]\\ \left(1-\dfrac{|p|-\lambda_{R\max}}{2(\lambda_{M\max}-\lambda_{R\max})}\right)\exp\left(-\dfrac{|q|}{\pi}\right), & \lambda_{R\max}<|p|\leqslant\lambda_{M\max},\ q\in[-\pi,\ \pi]\\ \left(1-\dfrac{|p|-\lambda_{M\max}}{4(\pi-\lambda_{M\max})}\right)\exp\left(-\dfrac{|q|}{\pi}\right), & \lambda_{M\max}<|p|\leqslant\pi,\ q\in[-\pi,\ \pi]\end{cases}$$

（3.5）

式中，p 表示本机速度矢量与目标机连线的夹角，右偏为正；q 表示敌机速度矢量与目标机连线延长线的夹角，右偏为正；q 表示武器系统的偏角。

4．距离优势函数

在空战过程中，空战结果对距离最为敏感，双方的交战距离直接影响导弹能否命中目标。当双方距离大于本机导弹的最大发射距离时，未构成本机导弹攻击条件；当目标机位于导弹的最小不可逃逸距离与最大不可逃逸距离之间时，我方对敌方有较高的距离优势；当双方持续接近，距离小于最小发射距离时，由于导弹无法解除保险，并且有可能危及本机安全，因而此时无法对敌机造成威胁。距离优势函数定义如下：

$$T_d=\begin{cases}0, & D>D_{M\max}\\ 1-\dfrac{(D-D_{MT\max})^2}{(D_{M\max}-D_{MT\max})^2}, & D_{MT\max}\leqslant D<D_{M\max}\\ 1, & D_{MT\min}\leqslant D<D_{MT\max}\\ \dfrac{(D-D_{M\min})^3}{(D_{MT\min}-D_{M\min})^3}, & D_{M\min}\leqslant D<D_{MT\min}\\ 0, & D<D_{M\min}\end{cases}\qquad(3.6)$$

式中，D 表示敌我双方的距离；$D_{M\max}$ 表示我方导弹的最大发射距离；$D_{MT\max}$ 表示最大不可逃逸距离；$D_{M\min}$ 表示最小发射距离。

3.3 动态变权重评估模型的建立

3.3.1 动态变权重评估模型

精确的态势评估模型是机动决策的重要依据，本章在前期研究的基础上构建了新的态势评估模型，既考虑了空战静态能力评估，又考虑了空战动态态势评估。态势评估模型如下：

$$\begin{cases} T = k_1T_c + k_2T_a + k_3T_d + k_4T_v + k_5T_h \\ \sum_{i=1}^{5} k_i = 1 \end{cases} \tag{3.7}$$

式中，T_c 为空战能力优势函数；T_a 为空战角度优势函数；T_d 为空战距离优势函数；T_v 为空战速度优势函数；T_h 为空战高度优势函数。

当敌我双方所处态势不同时，各个指标对态势值的影响也不尽相同。因此，需要根据敌我双方的态势类型动态调整权重，空战态势评估流程如图 3.4 所示。

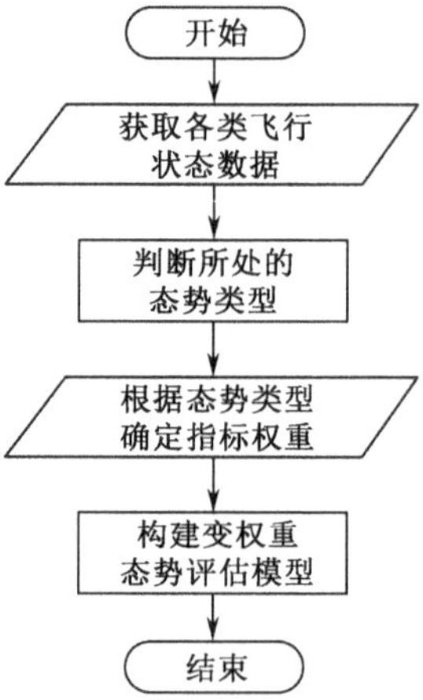

图 3.4　空战态势评估流程

3.3.2　态势类型的确定

本书将空战的态势定义为 4 类，主要有优势 $\varGamma=1$、劣势 $\varGamma=2$、互为均势 $\varGamma=3$、互为劣势 $\varGamma=4$。在近距离空战过程中，敌我双方飞机的高度在短时间内受飞机过载限制，变化量较小。为了简化模型、提高计算效率，我们忽略了空战态势评估模型中相对高度和相对速度两个因素，空战所处的态势类型主要由敌我双方的角度和距离决定。态势分类状态为：

$$S=[p\ q\ R]$$

式中，p 为我方速度矢量与目标连线的夹角；q 为敌方速度矢量与目标延长线的夹角。

以贝叶斯理论为基础，建立态势分类概率模型，每一时刻的态势分类模型可以通过式（3.8）计算得到。

$$P(\varGamma_k^r = j \mid S = s_k^r) \tag{3.8}$$

式中，j=1, 2, 3, 4，分别代表 4 种不同的态势，条件概率满足 $\sum_j P(\varGamma_k^r = j \mid S = s_k^r) = 1$。根据贝叶斯理论可知：

$$P(\varGamma_k^r = j \mid S = s_k^r) = \frac{P(\varGamma_k^r = j)P(S = s_k^r \mid \varGamma_k^r = j)}{\sum_{l=1}^{4} P(\varGamma_k^r = l)P(S = s_k^r \mid \varGamma_k^r = l)} \tag{3.9}$$

由于空战是一个动态变化的过程，态势评估的过程可以近似认为是一个马尔可夫过程。即态势评估结果仅与当前时刻的状态相关，而与之前的状态无关。因此，先验概率 $P(\varGamma_k^r = j)$ 相互独立，并且满足 $P(\varGamma_k^r = j) = 0.25$，式（3.9）可简化为：

$$P(\Gamma_k^r = j \mid S = s_k^r) = \frac{P(S = s_k^r \mid \Gamma_k^r = j)}{\sum_{l=1}^{4} P(S = s_k^r \mid \Gamma_k^r = l)} \tag{3.10}$$

分类状态变量 S 中的元素 p、q、R 和独立于态势分类的状态，联合条件概率密度可以通过式（3.11）计算得到。

$$\begin{aligned} &P(S = s_k^r \mid \Gamma_k^r = j) \\ &= P^p(p_k^r \mid \Gamma_k^r = j) \cdot P^q(q_k^r \mid \Gamma_k^r = j) \cdot P^R(R_k^r \mid \Gamma_k^r = j) \end{aligned} \tag{3.11}$$

条件概率函数 $P^p(\cdot)$、$P^q(\cdot)$、$P^R(\cdot)$ 定义如表 3.1 所示，p_k^r 表示 k 时刻我方的目标方位角，q_k^r 表示 k 时刻我方的目标进入角，D_k 表示 k 时刻我方与目标的距离，可由式（3.11）确定状态 s_k^r 下的态势类型。

表 3.1　条件概率函数表

态势类型	条件概率函数	条件	态势图
优势 Γ=1	$P^p(p_k^r \mid \Gamma_k^r = j) = \left(\frac{\pi}{2} - p_k^r\right)\Big/\frac{\pi}{2}$ $P^p(p_k^r \mid \Gamma_k^r = j) = 0$ $P^q(q_k^r \mid \Gamma_k^r = j) = -\left(q_k^r - \frac{\pi}{2}\right)\Big/\frac{\pi}{2}$ $P^q(q_k^r \mid \Gamma_k^r = j) = 0$ $P^R(R_k \mid \Gamma_k^r = j) = 1 - R_k / R_{adv}$ $P^R(R_k \mid \Gamma_k^r = j) = 0$	$0 \leqslant p^r \leqslant \frac{\pi}{2}$ $\frac{\pi}{2} \leqslant p^r \leqslant \pi$ $0 \leqslant q^r \leqslant \frac{\pi}{2}$ $\frac{\pi}{2} \leqslant q^r \leqslant \pi$ $[0,\ R_{adv}]$ $[R_{adv},\ \infty]$	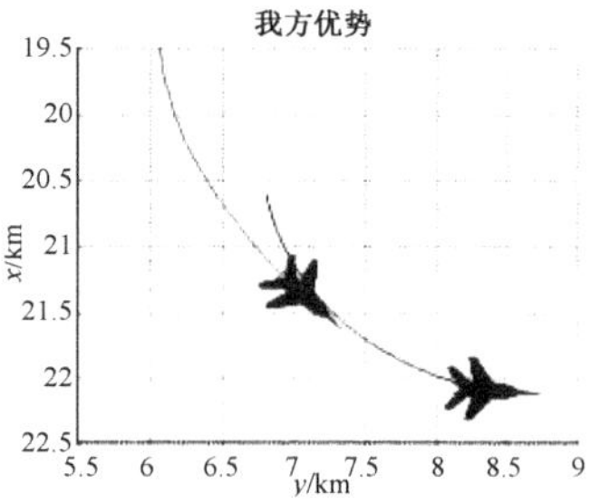
劣势 Γ=2	$P^p(p_k^r \mid \Gamma_k^r = j) = 0$ $P^p(p_k^r \mid \Gamma_k^r = j) = -\left(p_k^r - \frac{\pi}{2}\right)\Big/\frac{\pi}{2}$ $P^q(q_k^r \mid \Gamma_k^r = j) = \left(\frac{\pi}{2} - q_k^r\right)\Big/\frac{\pi}{2}$ $P^q(q_k^r \mid \Gamma_k^r = j) = 0$ $P^R(R_k \mid \Gamma_k^r = j) = 1 - R_k / R_{adv}$ $P^R(R_k \mid \Gamma_k^r = j) = 0$	$0 \leqslant p^r \leqslant \frac{\pi}{2}$ $\frac{\pi}{2} \leqslant p^r \leqslant \pi$ $0 \leqslant q^r \leqslant \frac{\pi}{2}$ $\frac{\pi}{2} \leqslant q^r \leqslant \pi$ $[0,\ R_{adv}]$ $[R_{adv},\ \infty]$	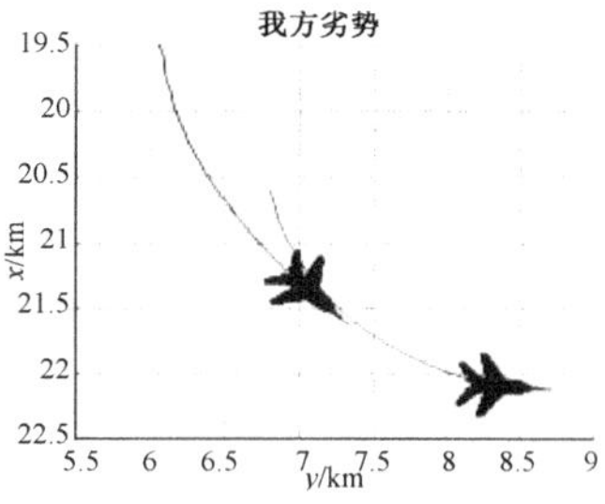

续表

态势类型	条件概率函数	条件	态势图
互为均势 Γ=3	$P^p(p_k^r \mid \Gamma_k^r = j) = -\left(p_k^r - \dfrac{\pi}{2}\right)\Big/\dfrac{\pi}{2}$ $P^p(p_k^r \mid \Gamma_k^r = j) = 0$ $P^q(q_k^r \mid \Gamma_k^r = j) = 0$ $P^q(q_k^r \mid \Gamma_k^r = j) = \left(p_k^r - \dfrac{\pi}{2}\right)\Big/\dfrac{\pi}{2}$ $P^R(R_k \mid \Gamma_k^r = j) - R_k / R_{\text{adv}}$ $P^R(R_k \mid \Gamma_k^r = j) = 1$	$0 \leqslant p^r \leqslant \dfrac{\pi}{2}$ $\dfrac{\pi}{2} \leqslant p^r \leqslant \pi$ $0 \leqslant q^r \leqslant \dfrac{\pi}{2}$ $\dfrac{\pi}{2} \leqslant q^r \leqslant \pi$ $[0，R_{\text{adv}}]$ $[R_{\text{adv}}，\infty]$	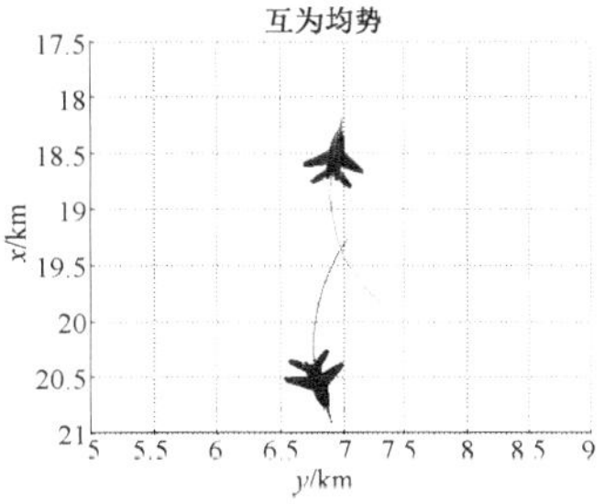
互为劣势 Γ=4	$P^p(p_k^r \mid \Gamma^r = j) = \left(\dfrac{\pi}{2} - p_k^r\right)\Big/\dfrac{\pi}{2}$ $P^p(p_k^r \mid \Gamma_k^r = j) = 0$ $P^q(q_k^r \mid \Gamma_k^r = j) = \left(\dfrac{\pi}{2} - q_k^r\right)\Big/\dfrac{\pi}{2}$ $P^q(q_k^r \mid \Gamma_k^r = j) = \left(q_k^r - \dfrac{\pi}{2}\right)\Big/\dfrac{\pi}{2}$ $P^R(R_k \mid \Gamma_k^r = j) = R_k / R_{\text{adv}}$ $P^R(R_k \mid \Gamma_k^r = j) = 0$	$0 \leqslant p^r \leqslant \dfrac{\pi}{2}$ $\dfrac{\pi}{2} \leqslant p^r \leqslant \pi$ $0 \leqslant q^r \leqslant \dfrac{\pi}{2}$ $\dfrac{\pi}{2} \leqslant q^r \leqslant \pi$ $[0，R_{\text{adv}}]$ $[R_{\text{adv}}，\infty]$	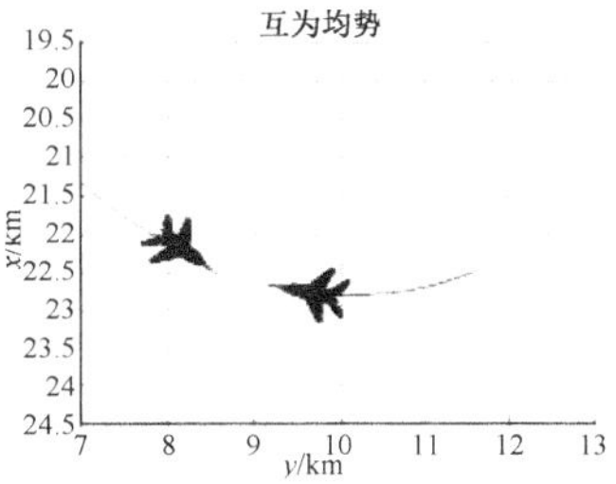

3.3.3　动态权重的确定

优势态势是指我方飞机处于敌方飞机尾后区域，且敌方飞机位于我方飞机的有效攻击距离之内。在这种情况下，我方飞机应该尽可能缩短双方距离，使敌机处于不可逃逸区，并且保持角度优势，同时增加高度优势和速度优势。因此，距离优势函数的权重最大，其次是角度优势函数，最后是高度优势函数和速度优势函数。

劣势是指敌方飞机处于我方飞机的尾后区域。在这种情况下，我方飞机应该加大双方的相对距离，增加敌方飞机的提前角，以尽快逃离敌方飞机的攻击区域。因此，在态势评估过程中，距离优势函数和角度优势函数占主要因素，高度优势函数和速度优势函数的作用较小。

互为均势是指双方飞机朝相背方向飞行，双方的相对距离随着时间的延长逐渐增加。在这种情况下，我方飞机应该增加角度，快速占据优势位置，其次是增加高度优势函数和速度优势函数，以获得较大的能量优势。

互为劣势是指敌我双方相向飞行，我方飞机应该提高角度优势函数、高度优势函数和速度优势函数，以获得较大的能量优势和战场主动性。

由于飞机的性能属于飞机的固有属性，不会随着态势的变化而变化，在空战过程中其权重保持不变，即 4 种态势下战机能力指标的权重 k_1 均相等。

根据上述分析，依据所处的态势种类，给出态势评估的动态权重如表 3.2 所示。

表 3.2 动态权重表

态势类型	k_1	k_2	k_3	k_4	k_5
优势	0.30	0.25	0.10	0.25	0.10
劣势	0.30	0.25	0.00	0.35	0.10
互为均势	0.30	0.35	0.15	0.05	0.15
互为劣势	0.30	0.30	0.20	0.00	0.20

3.4 仿真分析

本书选取某一空战训练的飞参记录数据进行仿真分析，参训双方飞机机型一致，空战双方航迹图和敌我双方对抗仿真结果如图 3.5 和图 3.6 所示。

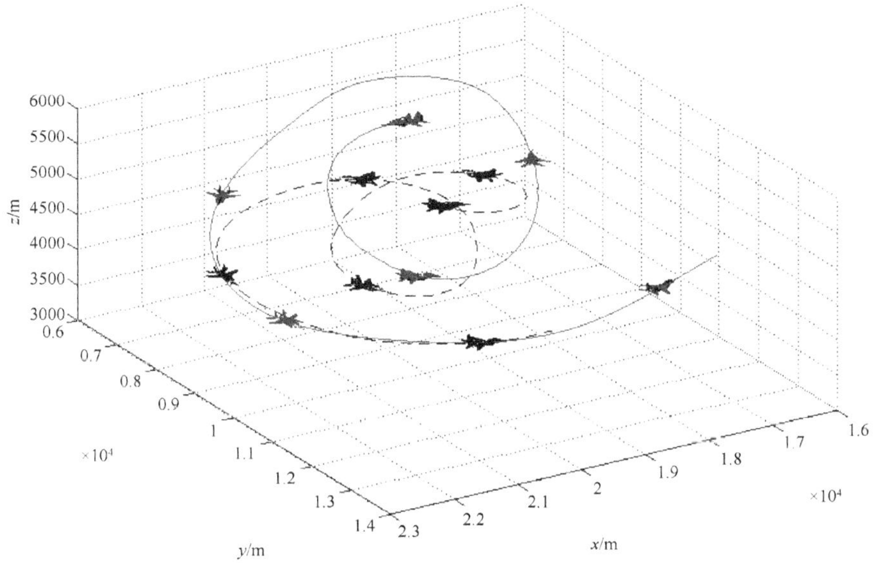

图 3.5　空战双方航迹图

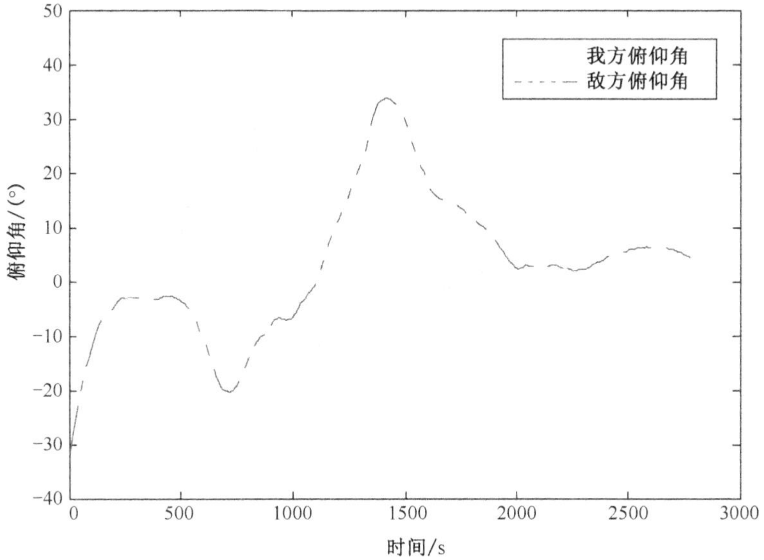

（a）敌我双方俯仰角变化图

图 3.6　敌我双方对抗仿真结果

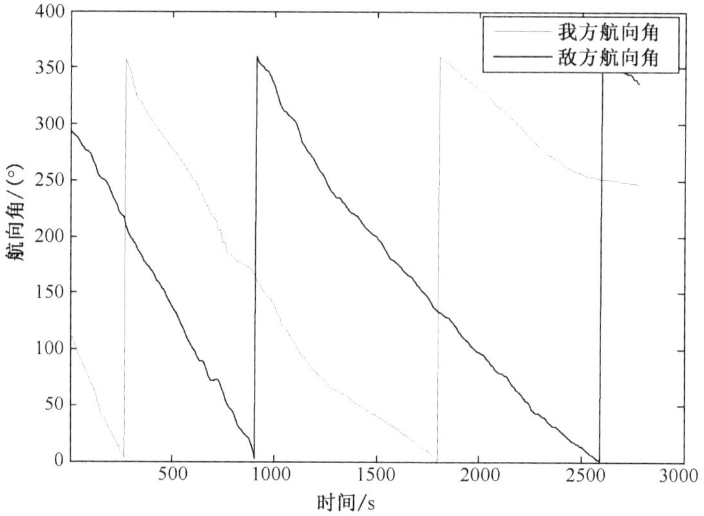

(b) 敌我双方航向角变化图

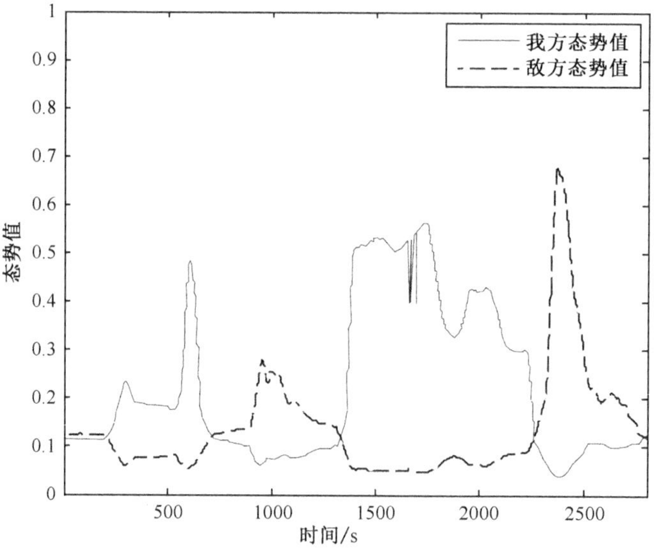

(c) 敌我双方态势图

图 3.6 敌我双方对抗仿真结果（续）

从图 3.5 和图 3.6 可以看出，在初始位置时，双方背向飞行，互为均势，因此态势值基本相等。在初始飞行阶段，由于我方一直处于相对较高的位置，因此我方的态势值略高于敌方。当双方继续飞行时，虽然我方飞机处于较高的位置，但是敌方处于我方的尾后位置，形成置尾态势，敌方态势值高于我方。当处于最后阶段时，我方飞机高度降低，敌方对我方形成尾追态势，因此图 3.6 中最后阶段敌方的态势值高于我方。

由仿真分析可知，基于动态变权重法的态势评估结果与真实的空战吻合。依据态势类型动态调整权重，突出了在不同态势下态势评估指标对态势值的重要程度，体现了各个指标与态势类型的密切联系。

3.5　本章小结

空战态势评估是空战决策的关键环节，无论是对目前发展有人机的智能辅助决策系统，还是未来无人机的自主空战技术都具有十分重要的意义。本章首先通过分析传统态势评估方法赋予评价指标恒定权重的缺点，提出动态变权重的评估方法。以贝叶斯理论为基础构建空战态势的分类模型，构建随态势类型动态变化的动态权重评价法。

动态赋权法能够根据空战态势类型动态调整权重，在态势评估中，突显出反映不同情形下态势的关键要素，得到较为科学、合理的评估结果，同时关键要素也为飞行员简明扼要地提供了战场的态势信息。该研究对开展空战训练评估具有重要的理论价值和现实意义，也为后续开展战机的辅助决策研究提供依据。

第4章

基于近似动态规划法的攻击占位决策

4.1 引言

正如著名军事理论家杜黑所言：空战就是以夺取制空权为最终目的对抗过程。作战双方的作战目的就是在避免被对方击落的情况下，占据攻击对方的战术优势位置。空战的攻击占位问题因其复杂性、对抗性和高动态性等特点而极具挑战性。攻击占位决策问题的主要任务是根据敌我实时态势，通过战斗机的战术机动，使我机快速占据攻击敌机的优势位置，满足我机的武器发射条件。在空战决策问题中，将时间按照飞行员的操纵周期离散化，在每个离散的时间步内，采取相应的机动动作，双方的状态将转换到新的状态，这样循环往复就形成了一个序列决策任务。因此，空战攻击占位决策问题本质上属于一个序列决策问题，空战序列决策示意图如图 4.1 所示。

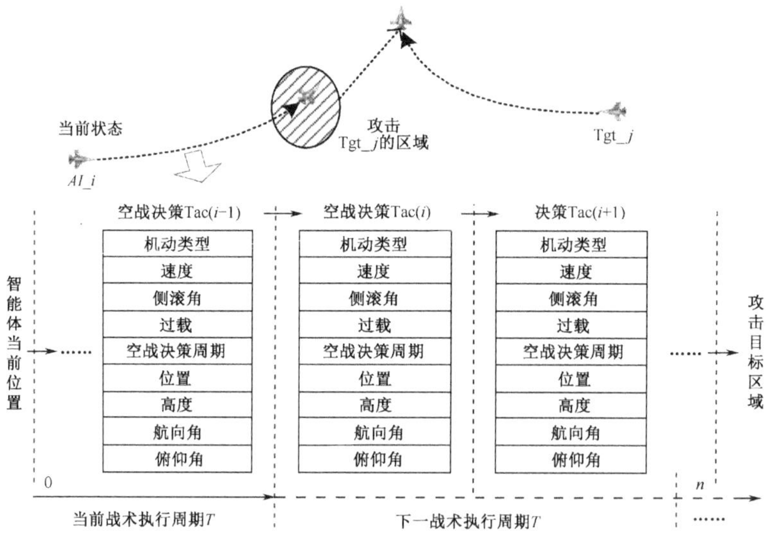

图 4.1　空战序列决策示意图

目前，智能空战辅助决策系统的研究大多集中于空战专家规则库的建立。通过专家总结战术规则工作量大、战场灵活性差且主观性较强，不同专家制订的空战规则差异较大。随着航空兵信息化、体系化作战成为空战的主要作战样式，战场态势剧烈变化，对辅助决策系统提出了更高要求。辅助决策系统在解决攻击占位问题时，要能灵活应对空战对抗过程中各种未知的情况，还需要具备策略提升能力。

由于近似动态规划法（Approximate Dynamic Programming，ADP）具有良好的泛化能力和在线学习能力，并且在解决大规模状态空间问题时能够克服维数灾难问题，因此近似动态规划法在解决空战攻击占位决策问题时具有广泛的应用前景。本章基于近似动态规划理论提出一种攻击占位决策方法，该方法通过对智能体作战环境与战术使用原则的分析，建立智能体攻击过程中的优势区域模型，引导控制战斗机快速逼近优势攻击区域。针对大规模状态空间在值迭代方法中出现的维数灾难问题，通过近似动态规划法逼近最优值函数，解决了维数灾难问题，进而形成状态空间到操纵动作之间的映射关系，实现实时的辅助决策功能。近似动态规划法无须在线迭代求解，因此更能适应高动态、高对抗性的空战要求。

4.2　近似动态规划法基本框架

近似动态规划法包含执行器模块、评价器模块、智能体模型 3 个要素。智能体模型在策略搜索过程中为执行器模块和评价器模块提供必要的模型信息；执行器模块通过评价器的评价对动作进行优化，实现策略提升；评价器模块是指通过近似值函数对执行器的性能进行评价，实现策略评价。同时，这 3 个模块通过 3 种信号与环境交互，这 3 种信号分别是：①状态信号，用来描述智能体所处的状态信息；②奖励信号，将智能体执行动作后的评价及时反馈给执行器；③动作信号，影响智能体的状态转移。

动态规划可以借助马尔可夫过程来描述，确定性条件下的马尔可夫过程由状态空间 S、动作空间 A、状态转移函数 T 和奖励函数 R 组成。T 表示当智能体采取某种行为动作时，可推动状态转移至新的状态；R 表示即时奖励函数。在时间步长 k 内，智能体采取动作 a_k 作用于状态 s_k，使得智能体的状态依据智能体的动力学模型 $T: S\times A\rightarrow S$，将状态转移到新的状态 s_{k+1}。

$$s_{k+1}=T(s_k,a_k)$$

同时，智能体根据奖励函数 $R: S\times A\rightarrow R$ 获得即时奖励信号 r_{k+1}。

$$r_{k+1}=R(s_k,a_k)$$

即时奖励用来评价动作的即时效果，通常即时奖励与动作的长期效果无关。智能体依据其策略 $h: S\rightarrow A$ 选择机动动作，满足以下条件：

$$a_k=h(s_k)$$

当给定智能体的现在状态 s_k 和当前动作 a_k 时，就能确定下一状态 s_{k+1} 和即时奖励函数 r_{k+1}。

根据上述分析，在模型确定的情况下，求解智能体的最优机动动作，实际上是求解状态到动作的某种映射关系，以使长期收益值最大。

4.3 近似动态规划法在二维连续状态空间的应用

本节主要对二维平面空战过程的攻击占位决策问题进行研究。在前期研究的基础上，通过对战场环境和战术使用原则的分析，本节建立基于近似动态规划的空战机动决策模型。文献[74]通过对近似动态规划法的研究，解决了航模的追逃问题，但是真实的空战过程有着不同于航模的高机动性特点。文献[49]虽然通过近似动态规划法对水平飞行的空战接敌问题进行了研究，但是在占位决策过程中，由于未考虑飞机的过冲问题，智能体在机动决策后容易进入敌方攻击区内。针对上述存在的不足，本节通过分析空战过程，提出惩罚因子对近似动态法进行改进，建立改进的近似动态规划模型，避免了攻击占位过程中的过冲现象。

4.3.1　二维平面空战问题描述

为了清晰地描述空战态势的变化过程，某一时刻敌我双方的几何占位信息如图 4.2 所示。

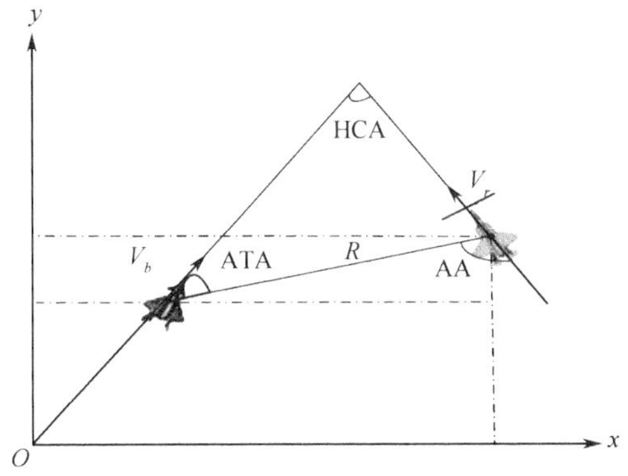

图 4.2　敌我双方的几何占位信息

如图 4.2 所示，ATA 为敌方飞机的提前角；AA 为敌方飞机的进入角；R 为敌我双方的距离；V_r 为我方的速度；V_b 为敌方的速度。双方的可选动作 $u \in A = \{L, M, R\} \equiv \{1, 2, 3\}$ 分别表示智能体执行左转、保持航向、右转的动作。

假设飞机保持稳定高度盘旋，忽略飞机垂直方向的运动，即此时飞机的重力与升力保持平衡 $G=L\cos\phi$，其中 L 表示飞机的升力；G 表示飞机的重力。为了保证飞机在转弯时无侧滑，飞机的倾斜角和转弯角速度之间满足 $L\sin\phi = m\dot{\psi}v$。根据飞机的运动方程建立状态转移函数 $f(s, u_r, u_b)$如下：

$$
\begin{cases}
\dot{\psi} = \dfrac{g\tan\phi}{v} \\
\dot{x} = v\cos\psi \\
\dot{y} = v\sin\psi
\end{cases}
\tag{4.1}
$$

式中，x、y、ψ、ϕ 分别表示飞机 x 方向、y 方向的位置坐标；ψ 表示飞机的航向角；ϕ 表示飞机的倾斜角；变量的下标分别表示敌方、我方的状态。飞机的状态转移函数计算方法如算法 4.1 所示。

算法 4.1 状态转移函数计算方法。

初始化：$\{s_t, u_r, u_b\}$，t=1.875s，$\dot{\phi} = 45^\circ/\mathrm{s}$，$\phi_{\max}^{\mathrm{red}} = 18^\circ$，$\phi_{\max}^{\mathrm{blue}} = 23^\circ$

for i=1:5（仿真步长为 Δt=0.375s）

  if $u == 1$ then

    $\phi = \phi - \dot{\phi}\Delta t$

    if $\phi < -\phi_{\max}$ then

      $\phi = -\phi_{\max}$

    end

  else if $u == 3$ then

    $\phi = \phi + \dot{\phi}\Delta t$

    if $\phi > \phi_{\max}$ then

    $\phi = \phi_{\max}$

    end

  else $u == 2$ then

    $\phi = \phi$

  end

  $\dot{\psi} = (g \cdot \tan\phi)/v$

  $\psi = \psi + \dot{\psi}\Delta t$

  $x = x + v\cos\psi \cdot \Delta t$

$y = y + v\sin\psi \cdot \Delta t$

end

输出：$(s_{t+1} = \{x_{t+1}, y_{t+1}, \psi_{t+1}, \phi_{t+1}\})$

在算法 4.1 中，s_t 为当前时刻的状态信息，根据状态转移方程求解，s_{t+1} 为下一时刻的状态信息。

4.3.2　基于多项式拟合的值函数逼近

求解自主攻击的占位决策问题实质上是一个序列决策问题。即基于当前的态势信息给出一种最优的机动决策序列，也即求解空间状态与机动行为之间的一种映射，使得飞机快速朝着攻击的优势位置飞行，最终完成攻击敌机的任务。

求解序列决策问题时，需要建立长期收益与状态之间的映射关系。对于离散的低维度状态空间，各个状态的长期收益可以保存在查询表内。但是，随着战场环境和空战任务的日益复杂，基于查询表的长期收益显得捉襟见肘。在解决具有连续状态空间的空战决策问题时，更容易出现维数灾难问题。为了解决状态维数高造成的问题，近似动态规划法基于函数拟合的思想，以连续函数逼近长期收益的状态值函数。通过严密的数学推导，对长期收益值函数进行逼近优化，由此获得状态空间与长期收益之间的映射关系。

近似动态规划法通过构建一个连续的近似值函数 J_{appr} 来估计长期收益值函数 $J^*(x)$。为了逼近状态值函数 $J^*(x)$，需要对连续状态空间进行采样，采样状态记为 $\boldsymbol{S} = [s^1, s^2, \cdots, s^N]^{\mathrm{T}}$，采样状态的收益记为 $\boldsymbol{r}(\boldsymbol{S}) = [r(s^1), r(s^2), \cdots, r(s^N)]^{\mathrm{T}}$，其中 N 为采样状态数目。根据贝尔曼最优性原理可知，最优策略的任何一部分子策略也必然是最优的。因此，智能体为了快速占据攻击敌方的优势位置，其每一步的决策也应是最优的，对于 s^k 时刻的状态均有：

$$\hat{J}(s^k)=\max_u\{R(s^k,u)+\gamma J_{\text{appr}}(s')\} \quad (4.2)$$

则近似值函数可作为线性回归的观测值，即

$$\hat{J}(s^k)=\beta_0+\beta_1 s^k \quad (4.3)$$

根据贝尔曼最优性原理可知，多次迭代后的值函数 $\hat{J}(s^k)$ 为采样状态的最优估计。因此，决策的长期收益值序列为：

$$\boldsymbol{J}(s)=[\hat{J}(s^1) \quad \hat{J}(s^2) \quad \cdots \quad \hat{J}(s^N)] \quad (4.4)$$

为了清楚地对空战状态进行描述，采样状态的特征集合记为：

$$\boldsymbol{\Phi}(s^k)=[\phi_1(s^k),\phi_2(s^k),\cdots,\phi_M(s^k)] \quad (4.5)$$

式中，M 为状态特征的数目。

基于函数拟合的思想，采样状态和近似值函数可以抽象为一个多元线性回归问题，即：

$$J_{\text{appr}}(s^k)=\beta_0+\beta_1\phi_1(s^k)+\beta_2\phi_2(s^k)+\cdots+\beta_M\phi_M(s^k) \quad (4.6)$$

使用标准最小二乘估计进行计算，即：

$$\hat{\beta}^{i+1}=[\boldsymbol{\Phi}^{\mathrm{T}}(s)\boldsymbol{\Phi}(s)]^{-1}\boldsymbol{\Phi}^{\mathrm{T}}(s)\hat{J}_{\text{appr}}^{i+1}(s) \quad (4.7)$$

由此可得，第 i 次迭代后的长期收益值函数为：

$$\hat{J}_{\text{appr}}^{i+1}(s)=\boldsymbol{\Phi}(s)\hat{\beta}^{i+1} \quad (4.8)$$

根据贝尔曼最优性原理可知，当 $J_{\text{appr}}^{i+1}(s)$ 经过多次迭代，收敛于最优的长期收益值函数 $J^*(s)$。因此，通过近似值函数 $J_{\text{appr}}^{i+1}(s)$ 可以计算任意状态的长期收益。其最优的机动策略 $\pi^*(s)$ 也就可以由式（4.9）中的 $\pi_{\text{appr}}^*(s)$ 近似得到：

$$\pi_{\text{appr}}^*(s)=\arg\max_u\{R(s,u)+\gamma J_{\text{appr}}^{k+1}(s')\} \quad (4.9)$$

1. 奖励函数定义

在空战过程中，敌我双方在各自的战术策略下首先隐蔽接敌，然后攻击占位，即控制飞机快速进入敌方的尾后区域并截获跟踪目标，最后发射导弹。为了准确控制飞机快速占据攻击敌方的优势位置，本书从空战的隐蔽接敌和攻击占位两个阶段对上述奖励函数进行定义，奖励函数 $R(s)$包括即时奖励函数 $G(s)$和态势奖励函数 $A(s)$两个部分。

（1）即时奖励函数。将敌方的尾后区域定义为占位的目标区域，通过奖励进入占位目标区域的状态，引导飞机进入攻击位置。目标区域（见图 4.3）往往与飞机的性能密切相关，本书主要考虑飞机的提前角 ATA、进入角 AA 和双方的相对距离 r。依据文献[74]的分析，将即时奖励函数 $G(s)$定义为：

$$G(s)=\begin{cases}1, & R_m < r < R_M, |\mathrm{AA}| < 60^\circ, |\mathrm{ATA}| < 30^\circ \\ 0, & \text{其他}\end{cases} \tag{4.10}$$

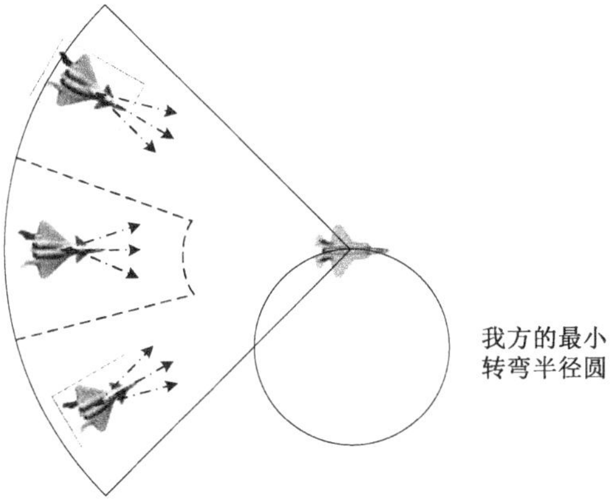

图 4.3　敌方攻击优势区域示意图

图 4.3 所示虚线区域表示当敌方飞机的进入角小于 60°、提前角小于 30°、两机距离在武器系统的作用范围内时，无论敌方采取何种机动，敌方都占据优势地位，并且可以以较高的命中率发射导弹。近似动态规划法通过即时奖励函数 $G(s)$ 对优势攻击位置进行奖励，将引导敌方飞机快速进入我方定义的优势攻击位置。

（2）态势奖励函数。飞机在隐蔽接敌过程中对空战态势优势的奖励。飞机在空战过程中，可以通过态势奖励函数引导飞机向空战区域机动。态势奖励函数 $A(s)$ 的定义将弥补即时奖励函数不连续的缺点。由于本书只考虑平面等高度下的空战对抗，且双方速度假设恒定，因此态势奖励函数主要与敌我双方的相对角度和距离相关。态势奖励函数 $A(s)$ 定义为：

$$A(s)=\left(1-\frac{(\text{AA}+\text{ATA})}{2\pi}\right)\exp\left(-\frac{|r-R_d|}{k}\right) \tag{4.11}$$

式中，k 为调节系数，用于调节距离和角度的权重；R_d 为期望的优势距离。为了机动至最优的攻击位置，敌方应该尽量减小提前角 AA 和进入角 ATA，并且接近期望的优势距离。当 AA=ATA=0°时，敌方飞机位于我方飞机的尾后区域，占据攻击优势位置，随着两机距离的接近，态势奖励函数逐渐增大；当 AA=ATA=±180°时，我方飞机位于敌方飞机的尾后区域，占据攻击优势位置，此时我方有较高的概率对敌方实施攻击。

结合即时奖励函数和态势奖励函数，我们将近似动态规划框架中的奖励函数 $R(s)$ 定义为：

$$R(s)=\begin{cases}1,\ R_m<r<R_M,\ |\text{AA}|<60^\circ,\ |\text{ATA}|<30^\circ \\ w_r G(s)+(1-w_r)A(s),\ \text{其他}\end{cases} \tag{4.12}$$

式中，w_r 为即时奖励函数与态势奖励函数之间的权重因子。即时奖励函数对攻击方占据优势位置进行奖励，引导飞机进入攻击占位的优势区域；态势奖励函数在整个空战过程中发挥作用，瞬时评价双方的态势，对态势占优的一方给予奖励。

2. 惩罚函数定义

理想的空战辅助决策系统不仅能够引导飞机快速占据优势位置，而且在机动过程中需要实时平衡潜在的风险。传统的近似动态规划法在构建机动决策模型时，仅考虑了如何将飞机引导至我方优势区域，依据相对位置关系定义优势函数，而未对飞机的危险区域进行定义，并且因为策略搜索算法有限的前瞻性，较短的搜索范围也容易陷入局部最优，仿真分析和飞行机动决策过程中还容易造成过冲问题，这会使飞机处于敌方的优势区域内。敌方处于我方的优势区域时间越长、相对距离越近，敌方被我方击中的概率也就越大。为了弥补上述存在的不足，本书针对过冲问题和距离太近引起的碰撞问题，结合空战实际，定义了与奖励函数对应的惩罚函数 $P(s)$。

空战过程中，进入敌方攻击区的概率是随机的，为了描述这种随机性，我们定义了风险概率 $p_t(s)$：

$$p_t(s)=\begin{cases}0.1, & r<R_m, \mathrm{AA}>165^\circ \\ 0.05, & r<R_m, \mathrm{AA}>150^\circ \\ 0, & \text{其他}\end{cases} \tag{4.13}$$

为了避免距离太近引起的两机碰撞问题，对 p_t 进行进一步改进，改进后的风险概率 $P(s)$为：

$$P(s)=p_t(s)+0.05^{(2r)} \tag{4.14}$$

例如，当飞机的相对距离小于武器的最小发射距离，且 AA=180° 时，危险概率 P=0.1。即在现实空战中，飞机进入敌方飞机的攻击区域、被敌方攻击的概率是 0.1。随着双方飞机距离的逐渐接近，风险概率 $P(s)$ 越来越大。风险概率 $P(s)$将阻止敌方飞机进入我方的攻击区域。

为了防止飞机在决策过程中因过冲问题进入敌方的攻击区域，本书基于惩罚函数对长期收益值函数式（4.2）进行了修正，即：

$$J_{\text{appr}}^{i+1}(s)=\max\left\{\left[1-P(s)\right]\gamma J_{\text{appr}}^{i}\left[f(s,u)\right]+R\left[f(s,u)\right]+P(s)R(s_{\text{term}})\right\} \tag{4.15}$$

如果当前状态 $P(s)>0$，则表示敌方飞机处于敌方的攻击区域内。通过减小长期收益，引导敌方飞机进行快速摆脱，即敌方飞机一旦进入敌方的优势区域内，将快速机动至敌方的攻击优势区域外。

改进后的近似值函数计算方法如算法 4.2 所示。

算法 4.2 改进的近似值函数计算方法。

初始化：$J_{\text{approx}}^{1} \equiv R(s)$，$N_a$（迭代次数）

for $i=1:N_a$

$$\bar{f} = f(s, u_b, \pi_r(s))$$

$$\hat{J}^{i+1}(s) = \max_{u_b}\left\{[1-P(s)]\left[\gamma J_{\text{approx}}^{i}(\bar{f}) + R(\bar{f})\right] + P(s)R(s_{\text{term}})\right\}$$

$$\boldsymbol{\Phi}(s) = [\phi(x), \forall x \in \{s\}]$$

$$\beta^{i+1} = (\boldsymbol{\Phi}^{\mathrm{T}}\boldsymbol{\Phi})^{-1}\boldsymbol{\Phi}^{\mathrm{T}}\hat{J}^{i+1}(s)$$

$$J_{\text{approx}}^{i}(x) \equiv \boldsymbol{\Phi}(x)\beta^{i+1}$$

end

输出：$\left(J_{\text{approx}}^{N_a}(x)\right)$

3. 状态空间采样

近似动态规划法为了逼近长期收益，需要对空战博弈的状态空间进行采样。采样稀疏程度对近似值函数 $J_{\text{appr}}(s)$与值函数 $J^{*}(s)$的误差有至关重要的影响。只有最大限度地减小最优值函数与值函数的误差，求解的机动策略才最接近最优的机动策略。从这个角度出发，高密度的采样将比低密度的采样更接近最优解，但是样本数的增多必然使计算量呈指数增加。并且采样数目增多，执行贝尔曼迭代所需要的时间也大幅增加，这必然会对机动决策的实时性产生很大影响。从这个角度出发，采样的状态数目应该是越少越好，低密度的采样将会使智能体的运算速度较快，使决策的实时性得到提升。

因此，为了平衡机动策略的误差与决策实时性这一矛盾，必须合理选择采样点。在重要的状态空间区域，有必要进行精细的状态采样；在很小概率出现的状态空间区域，则没必要划分得太精细。为了确保空战过程中最有可能出现的区域得到充分的采样，本书对飞机空战过程进行轨迹采样。

依据飞机的速度和性能，假设敌我双方初始位置坐标服从 σ=7 的高斯分布，飞机的航向角和倾斜角服从均匀分布。在这种初始状态下，对每架飞机使用最小最大策略进行作战模拟，用于后续的模拟和仿真。在作战模拟过程中，每 0.25s 记录一次状态信息 $\boldsymbol{s}=[x_r, y_r, \psi_r, \phi_r, x_b, y_b, \psi_b, \phi_b]$，同时记录我方飞机每个状态的机动动作，当任意一方飞机进入对方的尾后攻击区域则此次仿真终止。当样本数达到10^5个状态点时，则采样的仿真过程终止。

上文中，已经对 ADP 框架的奖励函数和惩罚函数进行了定义，并且通过状态采样产生了足够的样本状态。以采样状态为样本，根据算法 4.2 经过多次迭代求解，得到改进的最优近似值函数 $J_{\text{approx}}^{N_a}(x)$。

4. 机动策略提取

在敌我双方仿真对抗过程中，我方采取最小最大策略进行机动决策，敌方采取近似动态规划法进行机动决策，则敌方的机动策略为：

$$\pi_{\text{appr}}^{N}(s)=\arg\max_{u}\left\{\left[1-P(s)\right]\left[\gamma J_{\text{approx}}^{N_a}(\bar{f})+R(\bar{f})\right]+P(s)R(s_{\text{term}})\right\} \tag{4.16}$$

式中，$R(s, u)$为当前时刻的奖励；$J_{\text{approx}}^{N_a}(s)$为根据采样状态得到的近似值函数。首先敌方选择所有可能的机动动作u_r，然后依策略π_{appr}^{N}执行 N 次迭代，计算所有动作可能的长期收益，取最大者为当前的机动动作。具体的机动策略提取计算方法如算法 4.3 所示。

算法 4.3　机动策略提取计算方法。

输入：s_i

初始化：$J_{\text{best}}=-\infty$，N_p

for $u_r = \{L, M, R\}$

$s_{\text{temp}} = f(s_i, u_b, \pi_r(s_i))$

for $k = 1 : N_p$

$s_{\text{temp}} = f(s_{\text{temp}}, \pi_{\text{approx}}^N(s_{\text{temp}}), \pi_r(s_{\text{temp}}))$

end

$f_{\text{temp}} = f(s_{\text{temp}}, u_b, \pi_r(s_{\text{temp}}))$

$J_{\text{cur}} = \left[1 - P(s_{\text{temp}})\right]\left[\gamma J_{\text{approx}}^N(f_{\text{temp}}) + R(f_{\text{temp}})\right] + P(s_{\text{temp}})R(s_{\text{term}})$

if $J_{\text{cur}} > J_{\text{best}}$

$J_{\text{best}} = J_{\text{cur}}$

end

end

$u_b = u_{\text{best}}$

输出：u_b

基于改进的近似动态规划法可以依据最优的长期收益进行决策，而不是通过有限的前瞻策略进行决策，并且利用惩罚函数对收益值函数进行修正。分析可知，基于 ADP 的机动决策不仅能反映空战全局的最优决策，而且还能有效避免过冲问题和碰撞问题。

4.3.3 仿真分析

1. 仿真一

假设敌方飞机未能有效感知战场态势，依然保持初始航向和初始机动策略飞行。我方飞机根据所处战场态势，使用基于 ADP 的机动策略，敌我双方初始状态信息如表 4.1 所示。其仿真验证结果如图 4.4 所示。

表 4.1 敌我双方初始状态信息（一）

初始状态	x/km	y/km	倾斜角/（°）	航向角/（°）
我方	1	−6.5	0	16
敌方	−0.5	−4.3	5.8	18

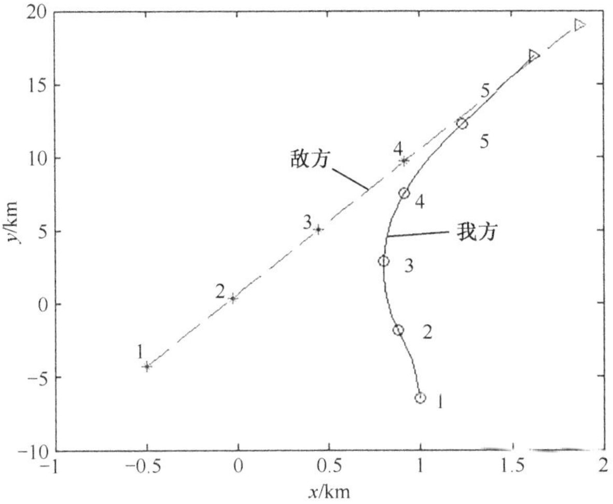

图 4.4　仿真验证一结果

从图 4.4 可以看出，在敌方保持机动方向不变的情况下，我方通过 ADP 机动策略能够很快机动至敌方的尾后攻击区域，有效占据攻击优势。

2. 仿真二

假设敌方飞机能有效感知战场态势，并且根据战场态势以最小最大机动策略与我方飞机进行对抗。我方飞机根据所处的战场态势，使用 ADP 机动策略进行机动决策，敌我双方初始状态信息如表 4.1 所示。其仿真验证结果如图 4.5 所示。

从图 4.5 可以看出，在敌方采取最小最大策略进行机动时，我方通过 ADP 机动策略能够很快机动至敌方的尾后攻击区域，有效占据攻击优势。

3. 仿真三

假设敌方飞机能有效感知战场态势，并且根据战场态势以最小最大策略进行机动决策，我方飞机根据所处的战场态势，在使用 ADP 机动策略与敌方飞机对抗时存在过冲机动。于是使用改进的 ADP 机动策略确保不处于敌方的优势区域，并且快速占据攻击优势位置。敌我双方初始状态信息如表 4.2 所示。其仿真验证结果如图 4.6 所示。

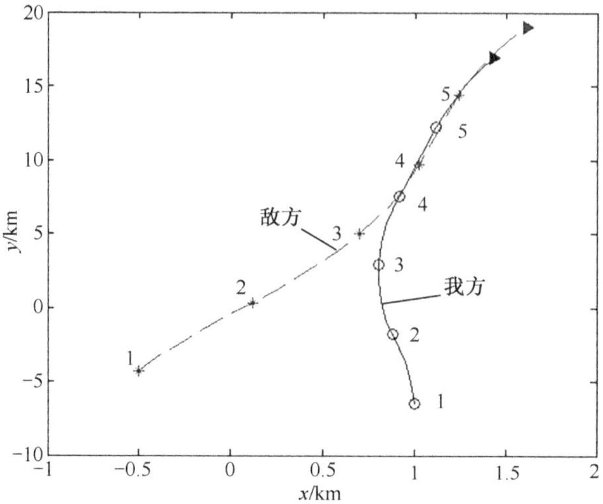

图 4.5　仿真验证二结果

表 4.2　敌我双方初始状态信息（二）

初始状态	x/km	y/km	倾斜角/（°）	航向角/（°）
我方	0	0	90	15
敌方	−5	0	90	15

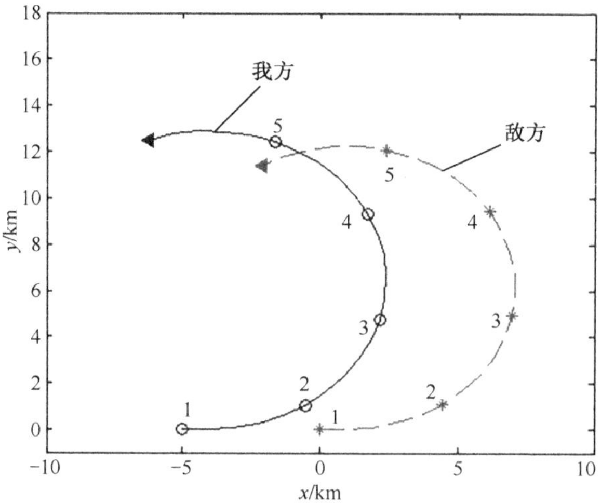

（a）ADP 机动策略下的盘旋机动决策

图 4.6　仿真验证三结果

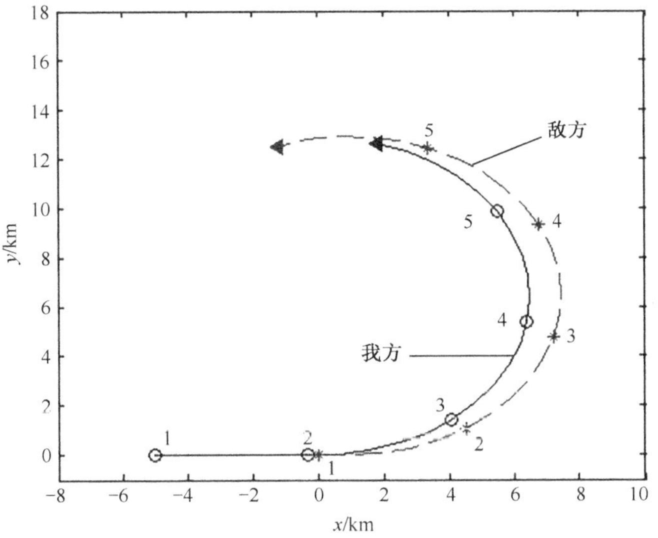

（b）改进 ADP 机动策略下的盘旋机动决策

图 4.6　仿真验证三结果（续）

从图 4.6 中可以看出，当敌方采取最小最大策略，我方采取 ADP 机动策略时，我方由于提前采取左转机动，在第 4 次机动决策后，造成过冲，此时敌方呈尾追态势，若锁定目标，即可对我方实施攻击。在同样的初始条件下，敌方依旧采取最小最大策略，我方采用改进后的 ADP 机动策略时，最优机动决策则是先维持初始航向，然后再采取左转盘旋机动。通过仿真可以发现，我方在第 5 次机动决策后，占据尾追攻击的优势态势，有效避免了过冲问题。

4.4　近似动态规划法在三维连续状态空间的应用

4.3 节对二维攻击占位决策方法进行了研究，本节针对三维空间的攻击占位决策方法进行研究。正如 4.3 节所述，强化学习通过不断探索的方式与环境进行交互，逐渐获取环境信息，根据状态动作值函数选择最优的机动决策序列。针对强化学习方法在解决连续状态空间问题时容易出现的维数灾难问题，目前主要的解决方法有：①将聚类编码简化为查询表；②函数逼近法。

基于精确值的迭代算法，需要存储每个状态动作对的长期收益。随着状态维数的增加，离散化后的状态空间呈指数增长，不仅查询表需要占据较大的存储空间，而且基于查询表的策略搜索在实时性方面问题突显。因此，值函数只能近似表示。不仅如此，值函数迭代还需要在动作空间中反复求解具有潜在困难的非凹优化问题。对于模型已知的马尔可夫决策过程（Markov Decision Process，MDP），在算法的执行过程中，每次迭代都需要根据公式更新状态动作对的值函数：

$$\text{for every } (s,u) \text{ do}: Q_{t+1}(s,u) = R(s,u) + \gamma \max_{u'} Q_t\left[T(s,u),u'\right]$$

当状态动作对增加时，机动决策无法在有限的时间里遍历更新所有的状态动作对。同时，在大规模连续动作空间中，这种最大化操作存在潜在的非凹优化问题，此类问题较难解决，通常也只能近似求解。如果不采用函数逼近法，就必须单独评估所有状态动作对的长期收益。如果在学习过程中，对于某些状态信息缺失或者没有任何信息，就无法估计与这些状态相关的状态动作值。采用函数逼近法，不仅可以依据有限的状态取得良好的估计效果，而且对于邻近的状态也有很好的估计效果，使得智能体在有限样本的情况下获得很好的机动策略。

由于函数逼近法实现简单，且能够在理论上保证其收敛，使得其应用十分广泛。本节着重研究三维空间一对一空战背景下，智能体的攻击占位问题。考虑空战环境具有动态性和复杂性等特点，本书在二维连续状态空间的基础上，构建战机的动力学模型，依据 NASA 标准将连续的动作空间离散为 7 种机动动作，然后在离散动作空间内，基于径向基神经网络（Radial Basic Function，RBF）计算状态动作对值函数，最后在强化学习理论的框架上实现三维空间内的空战攻击占位决策。

4.4.1　智能体的动力学模型

1. 飞行状态描述

由于主要研究航迹特征下的机动决策问题，因此忽略短时间内力矩不平衡引起的姿态变化过程，假设无人机始终保持力矩平衡状态。为了清晰描述态势的动态变化过程，选取无人机的状态变量为$[x\ y\ z\ v\ \psi\ \theta\ \phi]$。其中，$x$、$y$、$z$ 表示航迹坐标系下的飞机位置；v 表示飞机的飞行速度；ψ 表示飞机的偏航角；θ 表示飞机的俯仰角；ϕ 表示飞机的滚转角。偏航角满足 $\psi \in [-\pi,\ \pi]$，以机体轴投影在 X 轴右侧时为正；俯仰角满足 $\theta \in [-\pi/2,\ \pi/2]$，以飞机抬头时为正；飞机的滚转角满足 $\phi \in [-\pi,\ \pi]$。某一时刻敌我双方几何占位态势信息如图 4.7 所示。

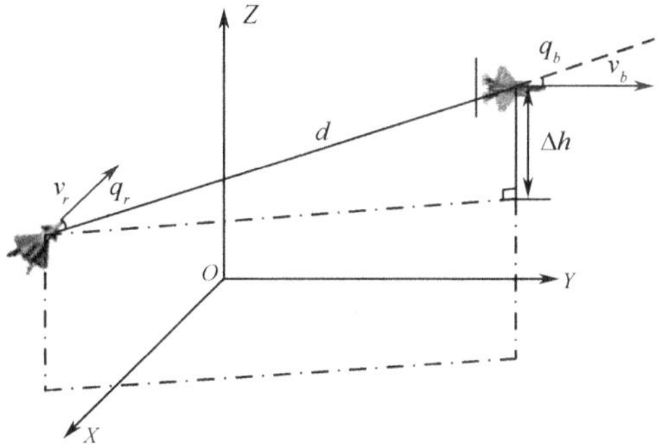

图 4.7　敌我双方几何占位态势信息

在航迹坐标系下建立飞机的动力学模型（见图 4.8），其表达式如下：

$$\begin{cases} \dot{v} = g(n_x - \sin\theta) \\ \dot{\psi} = g n_z \sin\phi / (v\cos\theta) \\ \dot{\theta} = g(n_z\cos\phi - \cos\theta)/v \end{cases} \tag{4.17}$$

式中，n_x 为飞机的纵向过载；n_z 为飞机的法向过载；ϕ 为飞机的滚转角，在 3 自由度中，滚转角 ϕ 没有实际意义。飞机的质点运动方程为：

$$\begin{cases} \dot{x} = v\cos\theta\cos\psi \\ \dot{y} = v\cos\theta\sin\psi \\ \dot{z} = v\sin\theta \end{cases} \tag{4.18}$$

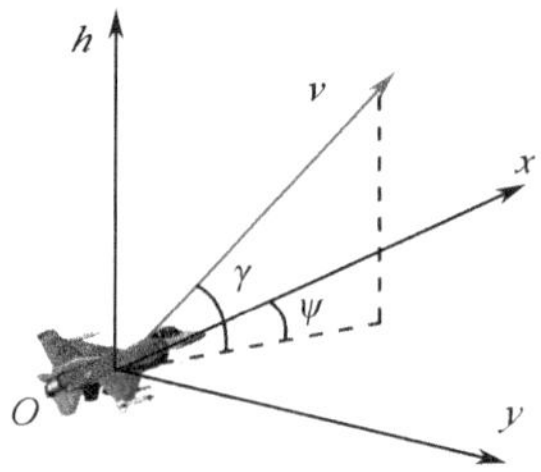

图 4.8　飞机的动力学模型

假定系统的输入量为$[n_x\ n_z\ \phi]$，在给定时间步长的情况下，根据状态方程和运动方程可以求解得到飞机的轨迹信息和速度信息。

根据图 4.7 敌我双方的位置信息可知，其相对位置关系为：

$$\begin{cases} d=\sqrt{(x_r-x_b)+(y_r-y_b)+(z_r-z_b)^2} \\ q_r=\arccos\left\{\left[(x_b-x_r)\cos\psi_r\cos\theta_r+(y_b-y_r)\sin\psi_r\cos\theta_r+(z_b-z_r)\sin\theta_r\right]/d\right\} \\ q_b=\arccos\left\{\left[(x_r-x_b)\cos\psi_b\cos\theta_b+(y_r-y_b)\sin\psi_b\cos\theta_b+(z_r-z_b)\sin\theta_b\right]/d\right\} \\ \Delta h_b=h_b-h_r \\ \Delta h_r=h_r-h_b \end{cases} \tag{4.19}$$

2. 动作空间描述

根据 NASA 标准定义，连续的动作空间可以近似离散为 7 类机动动作（见图 4.9），包括飞机保持定速巡航、飞机加速、飞机减速、飞机爬升拉起、飞机俯冲机动、飞机左转弯机动、飞机右转弯机动。

飞机机动动作的实现主要依靠控制量$[n_x\ n_z\ \phi]$配合。每种机动动作对应控制量的不同组合，控制量的改变将使飞机的运动状态发生改变。机动动作与控制量的对应关系如表 4.3 所示。

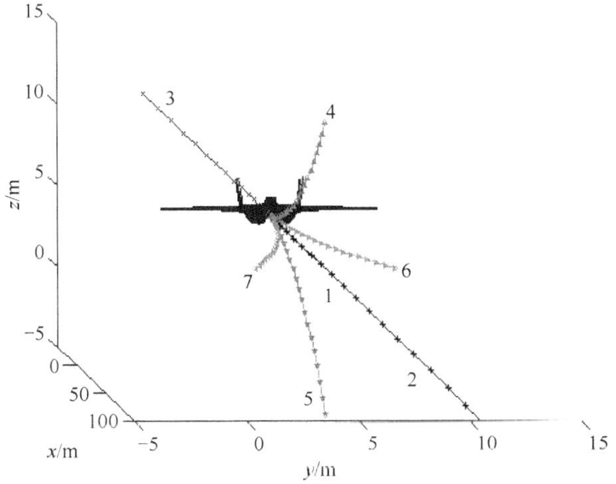

图 4.9　基本动作集示意图

表 4.3　机动动作与控制量的对应关系

机动动作	输入变量		
	n_x	n_z	ϕ
定速巡航	$\sin\theta$	$\cos\theta$	0
飞机加速	$\sin\theta+3$	$\cos\theta$	0
飞机减速	$\sin\theta-3$	$\cos\theta$	0
飞机左转弯机动	$\sin\theta$	$\cos\theta+5$	0
飞机右转弯机动	$\sin\theta$	$\cos\theta-5$	0
飞机爬升拉起	$\sin\theta$	$\cos\theta+3$	$-\pi/3$
飞机俯冲机动	$\sin\theta$	$\cos\theta-3$	$\pi/3$

3. 奖励函数定义

攻防对抗过程中，智能体的攻击占位决策依赖于机载传感器对空战环境的感知和对空战态势的准确把握，态势评估函数在自主决策过程中扮演了十分重要的角色。实现无人机的实时态势评估及提高态势评估的准确度是空战自主决策的关键环节。结合强化学习的特点，奖励函数主要分为两部分：一是态势奖励，即实时态势评估；二是目标奖励。

1）态势奖励函数

根据文献[50]中的要求，将态势奖励函数分别定义如下：

（1）高度优势奖励：

$$R_h=\begin{cases}\exp\left(-\dfrac{\Delta h-\Delta h_0}{\Delta h_0}\right), & \Delta h \geqslant \Delta h_0\\ \exp\left(\dfrac{\Delta h-\Delta h_0}{\Delta h_0}\right), & \Delta h < \Delta h_0\end{cases} \tag{4.20}$$

式中，Δh_0 表示最佳的空战高度差。

（2）速度优势奖励：

$$R_v=\exp\left(-\frac{v_r-v_0}{v_0}\right) \tag{4.21}$$

式中，v_0 表示空战的最佳速度。空战的最佳速度随着双方距离的变化动态调整，最佳的空战速度定义为：

$$v_0=v_b+(v_{\max}-v_b)\left[1-\exp\left(\frac{d_{\max}-d}{d_{\max}}\right)\right] \tag{4.22}$$

式中，v_b 表示敌方的飞行速度；$v_{\max}$ 表示我方智能体的最大飞行速度；$d_{\max}$ 表示机载传感器的最大探测距离。

（3）角度优势奖励：

$$R_a=\begin{cases}\dfrac{|q_r-q_{\max}|}{2q_{\max}}\exp\left(\dfrac{q_b-\pi}{\pi}\right), & q_r \leqslant q_{\max}\\ -\dfrac{|q_r-q_{\max}|}{2q_{\max}}\exp\left(\dfrac{q_b-\pi}{\pi}\right), & q_r > q_{\max}\end{cases} \tag{4.23}$$

式中，q_r 表示我方的速度矢量与目标连线的夹角；q_b 表示敌方的速度矢量与目标连线的夹角；$q_{\max}$ 表示武器发射的最大离轴角。

（4）距离优势奖励：

$$R_d = \begin{cases} 1, & d \leqslant d_{\max} \\ \exp\left(-\dfrac{d_{\max} - d}{d_{\max}}\right), & d > d_{\max} \end{cases} \tag{4.24}$$

2）目标奖励函数

目标奖励函数主要与敌我双方当前时刻的状态有关。依据攻击区理论，在求解得到最近边界和最远边界的基础上，若我方满足攻击条件则进行奖励；相反，若敌方满足攻击条件，则对我方进行惩罚。以攻击机为中心的攻击优势区域示意图如图 4.10 所示，满足攻击条件的目标奖励函数如下：

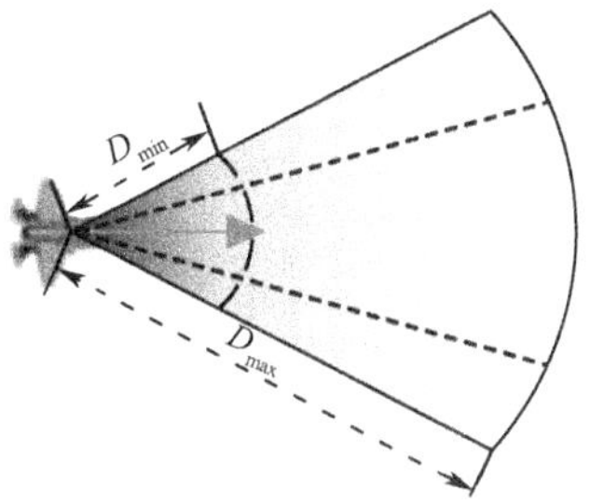

图 4.10　攻击优势区域示意图

$$R_g = \begin{cases} 10, & D_{\min}^r < D < D_{\max}^r, |q_r| \leqslant q_{\max}^r \\ -10, & D_{\min}^b < D < D_{\max}^b, |q_b| \leqslant q_{\max}^b \\ 0, & \text{其他} \end{cases} \tag{4.25}$$

综合态势奖励函数和目标奖励函数，强化学习框架下的奖励函数构造如下：

$$\begin{aligned} R(s) &= wR_g(s) + (1-w)A(s) \\ &= wR_g(s) + (1-w)\left[R_h(s) + R_v(s) + R_a(s) + R_d(s)\right] \end{aligned} \tag{4.26}$$

式中，w 表示态势奖励函数与目标奖励函数之间的权重因子。态势奖励函数实时评估空战过程态势变化情况的机动效果，目标奖励函数引导飞机进入最佳的攻击区域。

4.4.2 智能体决策序列搜索

1. 空战动作策略的选择

强化学习算法通过与环境的交互迭代求解最优策略，这是一个一边学习经验知识，一边探索未知知识的过程，与环境交互的过程可以分解为利用行为和探索行为。利用行为是指根据现有的经验知识不断学习，使智能体获得更多奖励；探索行为是指尝试更多的动作，找到更优的策略。

在求解问题时，为了使算法效率更高，有必要在利用行为和探索行为之间做出平衡。传统的动作选择策略大多采用 ε 贪婪策略。由于 ε 贪婪策略每次决策时都是在动作空间中随机选择某一动作，而通过这种随机方式选择的动作多数是无用的，这就导致了一些不必要的探索行为，对算法的收敛性造成影响。此外，在智能体与环境交互的初期，固定 ε 值的贪婪策略同时限制了智能体对未知环境的探索行为。为了减小 ε 贪婪策略的影响，本节对 ε 贪婪策略进行了改进，提出一种动态 ε-启发式动作策略。随着强化学习训练次数的增加，对 ε 值进行动态调整，同时在智能体根据强化学习结果选择出机动动作后，将状态动作对作为经验知识的样本集，并以此作为启发式信号，提高后续机动动作的选择。

分析可知，在学习初期，动作选择主要是为了适应环境，并且对状态的感知存在偏差，此时应当加大探索力度。在学习后期，动作的选择主要强调对当前经验知识的利用，后期的探索力度应减小并趋于稳定。因此，随着神经网络训练次数的增加，ε 值动态调整改进如下：

$$\varepsilon=\max\left\{0.05,\ 1-\frac{\text{训练次数}}{1000}\right\} \tag{4.27}$$

动态 ε-启发式动作策略如算法 4.4 所示：

算法 4.4　Input　当前神经网络训练次数 n

$$\varepsilon_i=\max\left\{0.05,\ 1-\frac{\text{训练次数}}{1000}\right\}$$

if $\text{random}(\ )<\varepsilon_i$

　action ← heuristic_network(s)

else if

　action ← $\arg\max\limits_{a}(Q(s,a))$

end

作为启发式动作策略，神经网络的输入为当前的双方态势信息，共有 14 个节点；神经网络的输出为当前的启发式动作选择，共有 1 个节点。

2. *Q-V* 值协同逼近模型

针对标准强化学习在状态空间较大时产生的维数灾难问题，本书采用基于 RBF 神经网络逼近值函数的方法。强化学习一般采用 TD 误差修正值函数的参数向量，为了避免 TD 误差在值函数逼近过程中，可能产生的灾难性扰动问题，Ng 等人提出一种重塑奖励机制，通过将环境知识引入 TD 误差，环境知识的引入减少了选择次优动作的次数，加快了算法的收敛速度。据此，本书提出一种 *Q-V* 值协同逼近的 RBF 神经网络，实现从状态到状态动作值函数的泛化映射。*Q-V* 值协同逼近的 RBF 网络结构第 1 层为输入层，输入一个 14 维的状态向量；第 2 层为隐含层，主要完成状态变量的归一化和特征化处理，包括 K 个隐含层节点，采用高斯径向基函数作为激活函数，第 j 个径向基函数如下：

$$\psi_j(x)=\exp\left(-\sum_{i=1}^{n}\frac{\left\|x_i-c_{ij}\right\|^2}{2\sigma_{ij}^2}\right),\quad i=1,2,\cdots,n \tag{4.28}$$

式中，σ_{ij} 为径向基函数的中心宽度；c_{ij} 为径向基函数的中心。归一化后的径向基函数为：

$$\phi_j(x)=\frac{\psi_j(x)}{\sum_{j=1}^{n}\psi_j(x)} \tag{4.29}$$

第 3 层为输出层，包含 $k=l+1$ 个节点，输出 l 个状态动作对值函数 $Q(s,a)$和 1 个状态值函数 $V(s)$。$Q_i(s,a)$状态动作对值函数和 $V_i(s)$值函数分别表示为：

$$\begin{aligned}Q_i(s,a)&=\boldsymbol{w}^{\mathrm{T}}\boldsymbol{\Phi}(s,a)\\&=\sum_{j=1}^{m}w_{ij}\phi_j(x)=[w_{i1},w_{i2},\cdots,w_{im}][\phi_1(x),\phi_2(x),\cdots,\phi_m(x)]^{\mathrm{T}}\end{aligned} \tag{4.30}$$

$$\begin{aligned}V_i(s)&=\boldsymbol{w}_l^{\mathrm{T}}\boldsymbol{\Phi}(s,a)\\&=\sum_{j=1}^{m}w_{lj}\phi_j(x)=[w_{l1},w_{l2},\cdots,w_{lm}][\phi_1(x),\phi_2(x),\phi_m(x)]^{\mathrm{T}}s\end{aligned} \tag{4.31}$$

由于状态值函数包含智能体选择下一时刻动作的环境信息，因此根据状态值函数，将重塑奖励定义如下：

实值空间 $X\times U\times X\in\mathbf{R}$，$X$ 代表任意状态空间，U 代表离散的动作空间。重塑奖励定义如下：

$$F(s_t,a_t,s_{t+1})=\gamma V(s_{t+1})-V(s_t) \tag{4.32}$$

式中，$V(s_{t+1})$和 $V(s_t)$分别表示 $t+1$ 和 t 时刻的状态值函数。智能体在当前状态 s_t，执行策略选择执行动作 a_t，状态转移至 s_{t+1}，获得的即奖励为 R_{t+1}，并且依据当前策略，在 $t+1$ 时选择机动动作 a_{t+1}，在 t 时刻，基于

Q-V 值协同的 TD 误差定义为：

$$\begin{aligned}\delta_t &= R_{t+1} + \gamma Q(s_{t+1}, a_{t+1}) - Q(s_t, a_t) + F(s_t, a_t, s_{t+1}) \\ &= R_{t+1} + \gamma Q(s_{t+1}, a_{t+1}) - Q(s_t, a_t) + \gamma V(s_{t+1}) - V(s_t) \\ &= R_{t+1} + \gamma\left[Q(s_{t+1}, a_{t+1}) + V(s_{t+1})\right] - \left[Q(s_t, a_t) + V(s_t)\right]\end{aligned} \tag{4.33}$$

RBF 神经网络隐含层到输出层各个节点 $Q(s, a)$的权值更新为：

$$\begin{aligned}w_{im} &= w_{im} - \frac{1}{2}\eta\nabla_w [Q^\pi(s, a) - Q_t(s, a)]^2 \\ &= w_{im} + \eta[Q^\pi(s, a) - Q_t(s, a)]\nabla_w Q_t(s, a) \\ &= w_{im} + \eta\delta_t\nabla_w Q_t(s, a) \\ &= w_{im} + \eta\delta_t\boldsymbol{\Phi}(s, a), \quad m = 1, 2, \cdots, M\end{aligned} \tag{4.34}$$

同理可得，从网络隐含层到输出层各个节点 $V(s)$ 的权值更新为：

$$w_{im} = w_{im} + \eta\delta_t\nabla_w Q(s, a) = w_{im} + \eta\delta_t\boldsymbol{\Phi}(s, a), \quad m = 1, 2, \cdots, M \tag{4.35}$$

式中，i 表示隐含层的第 i 个节点；m 表示输出层的第 m 个节点；M 表示共有 M 个输出层节点；η 表示学习率，主要控制梯度下降的速度，η 越大权重调整得越快，越容易振荡，η 越小收敛速度越慢；δ_t 表示神经网络训练过程中的 TD 误差。梯度向量表示如下：

$$\nabla_w Q(s, a) = \frac{\partial Q(s, a)}{\partial \boldsymbol{w}} = \frac{\partial(\boldsymbol{w}^{\mathrm{T}}\boldsymbol{\Phi}(s, a))}{\partial \boldsymbol{w}} = \boldsymbol{\Phi}(s, a) \tag{4.36}$$

式中，$\boldsymbol{\Phi}(s, a) = [\phi_1(x),\ \ \phi_2(x),\ \ \cdots,\ \ \phi_m(x)]^{\mathrm{T}}$ 表示状态变量输入 RBF 神经网络模型后经过归一化、特征处理之后的状态特征向量。

基于 Q-V 值协同逼近的强化学习空战决策算法如图 4.11 所示。

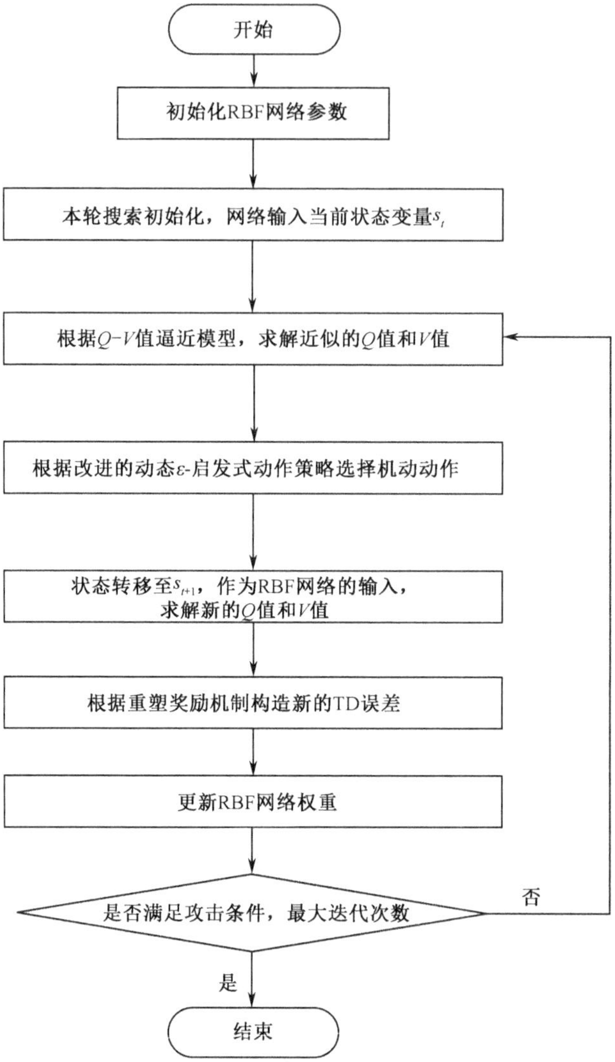

图 4.11　Q-V 值协同逼近的强化学习空战决策算法

基于 Q-V 值协同逼近的 RBF 网络空战决策算法描述如下：

步骤 1：初始化 RBF 网络参数。

步骤 2：构建 Q-V 值协同逼近值函数模型。将状态变量 s_t 作为 RBF 的网络输入，经过网络特征化、归一化处理后得到 $\boldsymbol{\Phi}(s, a)$。

步骤 3：将 $\boldsymbol{\Phi}(s,a)$代入式（4.30）、式（4.31）表示的 RBF 神经网络模型，得到近似的状态动作对值函数 $Q(s, a)$和状态值函数 $V(s)$。

步骤 4：根据改进的动态 ε-启发式动作策略选择机动动作，状态转移至 s_{t+1}，获得即时奖励 R_{t+1}。记录当前状态采取的状态动作对(s_t, a_t)作为启发式动作策略网络的样本。

步骤 5：将状态 s_{t+1} 代入式（4.30）、式（4.31）表示的 RBF 神经网络模型，得到 $t+1$ 时刻的近似状态动作对值函数 $Q(s_{t+1}, a_{t+1})$和值函数 $V(s_{t+1})$。

步骤 6：依据式（4.33）计算重塑奖励机制的 TD 误差。

$$\delta_t = R_{t+1} + \gamma\left[Q(s_{t+1}, a_{t+1}) + V(s_{t+1})\right] - \left[Q(s_t, a_t) + V(s_t)\right]$$

步骤 7：依据式（4.34）、式（4.35），将改进后的 TD 误差反向传播至 RBF 网络模型，更新网络的输出层权重。

步骤 8：$s_t \leftarrow s_{t+1}$，$t = t+1$。判断当前状态是否满足攻击条件或最大迭代次数，若满足则结束，否则转入步骤（3）。

3. *Q-V* 值协同逼近算法收敛性证明

定理 4.1　在 RBF 网络结构稳定的前提下，对基于 *Q-V* 值协同模型进行收敛性分析。由于空战机动决策模型是一个确定的马尔可夫过程，基于 RBF 的状态动作对值函数模型在网络训练中，如果采用相同的样本序列，则利用 *Q-V* 值协同模型与 TD(λ)模型具有一致的收敛性。

证明　空战状态空间是一个多维、连续的状态空间，本书为了简化机动决策模型，依据 NASA 标准将空战机动离散化为 7 种机动动作。分析可知，本书的机动决策模型实质上是一个连续状态空间、离散动作空间的决策问题。分别用 L 和 $\tilde{L}$ 表示基于 TD(λ)和 *Q-V* 值协同模型的逼近器。L 逼近器模型可以表示为 $Q(s, a)=\boldsymbol{w}^{\mathrm{T}}\boldsymbol{\Phi}(s, a)$；$\tilde{L}$ 逼近器模型可以表示为 $Q(s, a)=\tilde{\boldsymbol{w}}^{\mathrm{T}}\boldsymbol{\Phi}(s, a)$。初始化网络参数时，状态动作对值函数分别表示为：

$$Q(s,a)=Q_0(s,a)+V(s)=\boldsymbol{w}_0^{\mathrm{T}}\boldsymbol{\Phi}(s,a)+V(s)$$

$$\tilde{Q}(s,a)=Q_0(s,a)=\boldsymbol{w}_0^{\mathrm{T}}\boldsymbol{\Phi}(s,a) \tag{4.37}$$

假设飞机在状态 s 时，采取机动动作 a，状态转移至 s'，获得即时奖励为 r，在新状态 s'时依据动作选择策略采取机动 a'，因此，空战的决策过程可以定义为一个五元组 $\langle s,a,s',r,a'\rangle$。逼近器 L 按照式（4.38）进行参数更新：

$$w\leftarrow w+a\left[r+\gamma Q(s',a')-Q(s,a)\right]\boldsymbol{\Phi}(s,u) \tag{4.38}$$

逼近器 $\tilde{L}$ 按照式（4.39）进行参数更新：

$$w\leftarrow w+a\left[r+\gamma Q(s',a')-Q(s,a)+\gamma V(s')-V(s)\right]\boldsymbol{\Phi}(s,u) \tag{4.39}$$

式中，$\boldsymbol{\Phi}(s, u)$表示 RBF 网络的径向基。因此，当前状态动作对 $\langle s, a\rangle$ 的值函数与初始状态动作对值函数的差值分别记为$\Delta Q(s, a)$和 $\Delta\tilde{Q}(s, a)$。根据式（4.38）和式（4.39）进行参数更新，两种逼近器的更新量分别表示为：

$$\Delta Q(s,a)=Q(s,a)-Q_0(s,a)=[a\delta Q(s,a)]^{\mathrm{T}}\boldsymbol{\Phi}(s,a) \tag{4.40}$$

$$\Delta\tilde{Q}(s,a)=Q(s,a)+V(s)-Q_0(s,a)=[a\delta\tilde{Q}(s,a)]^{\mathrm{T}}\boldsymbol{\Phi}(s,a) \tag{4.41}$$

当两类逼近器的样本序列相同时，要证明两类逼近器等价，也即证明$\forall s\in S$，$a\in A$，时，恒有 $\Delta Q(s, a)=\Delta\tilde{Q}(s, a)$。证明如下：

当网络初始化时，$Q(s,a)$和 $\tilde{Q}(s,a)$初始时都处于初始化状态，此时 $\Delta Q(s, a)=\Delta\tilde{Q}(s, a)$。

假设在当前状态，对于$\forall s \in S$，$a \in A$，存在$\Delta Q(s,a) = \Delta\tilde{Q}(s,a)$。根据动作选择策略获得了新的样本序列$\langle s, a, s', r, a' \rangle$，此时基于TD($\lambda$)误差和基于$Q$-$V$值协同逼近的误差分别为：

$$\begin{aligned}\delta Q(s,a) &= r + \gamma Q(s',a') - Q(s,a) \\ &= r + \gamma\left[Q_0(s',a') + V(s') + \Delta Q(s',a')\right] - \\ &\quad \left[Q_0(s,a) + V(s) + \Delta Q(s,a)\right] \\ &= r + \gamma\left[Q_0(s',a') + \Delta Q(s',a')\right] - Q_0(s,a) - \\ &\quad \Delta Q(s,a) + \gamma\left[V(s')\right] - V(s)\end{aligned} \tag{4.42}$$

$$\begin{aligned}\delta\tilde{Q}(s,a) &= r + \gamma\tilde{Q}(s',a') - \tilde{Q}(s,a) + \gamma\left[V(s')\right] - V(s) \\ &= r + \gamma\left[Q_0(s',a') + \Delta\tilde{Q}(s',a')\right] - \left[Q_0(s,a) + \Delta\tilde{Q}(s,a)\right] + \\ &\quad \gamma\left[V(s')\right] - V(s) \\ &= r + \gamma\left[Q_0(s',a') + \Delta Q(s',a')\right] - Q_0(s,a) - \Delta Q(s,a) + \\ &\quad \gamma\left[V(s')\right] - V(s)\end{aligned} \tag{4.43}$$

由此可得，在新样本序列作用于网络训练时，两类逼近器的TD误差相等。因此，可证明在相同的样本序列下，L和$\tilde{L}$等价，基于TD(λ)模型和基于Q-V值协同逼近状态动作对值函数模型具有一致的收敛性。

根据文献[79]可知，当强化学习方法采用梯度下降法训练神经网络时，如果学习率逐渐递减，满足式（4.44）的条件时，基于Q-V值协同逼近的模型将至少能收敛至原问题的一个局部解。同时，由定理4.1可知，基于TD(λ)模型和基于Q-V值协同模型具有一致的收敛性，并且对于任意给定的初始值函数都不会改变算法的收敛结果，因此，在满足的约束下，所提Q-V值协同逼近的方法一定能够收敛至一个局部解。

$$\sum_{t=0} a_t = \infty\,,\quad \sum_{t=0} a_t^2 < \infty \tag{4.44}$$

4.4.3 仿真分析

基于 Q-V 值协同逼近的神经网络由输入层、隐含层和输出层构成。网络输入空战双方的态势特征，输入层共有 14 个节点；以状态动作值函数和值函数的近似估计值作为输出，某一时刻的状态对应 7 个状态动作对值和 1 个状态值，神经网络共有 8 个输出，即输出层共有 8 个节点；隐含层到输出层采用线性输出。设定空战双方的战术决策周期为 2s，敌我双方的初始态势如表 4.4 所示。

表 4.4　敌我对抗初始状态

初始状态	x/m	y/m	z/m	航向角/（°）	俯仰角/（°）
敌方	−1925	9610	3280	0.7	−7.9
我方	−2945	77.77	4264	62.2	1.7

1. 仿真一

传统贪婪策略与动态启发式贪婪策略损失函数随迭代次数的变化如图 4.12 所示。

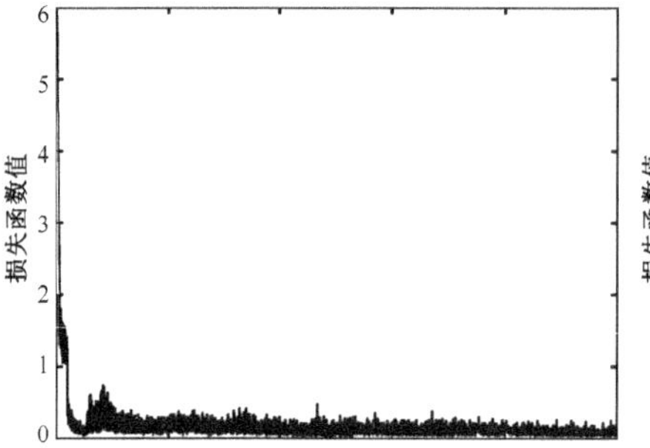

（a）贪婪策略损失函数收敛图

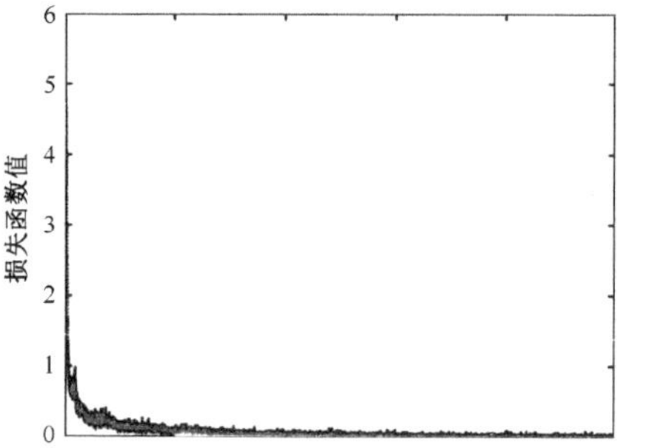

（b）动态启发式贪婪策略损失函数收敛图

图 4.12　贪婪策略与动态启发式贪婪策略收敛对比图

从图 4.12 中可以看出，采用传统的贪婪策略，收敛速度在模型训练开始阶段时基本相同。随着模型训练的继续，由于动态启发式贪婪策略在训练过程中采集最优的机动决策样本并应用于模型训练，因此在后续过程中，能够较快地搜索到机动决策策略，收敛速度较传统的贪婪策略更快。并且因为引入了 *Q-V* 值协同逼近的方法，采用动态启发式贪婪策略的模型在模型训练过程中波动较小，具有较强的稳定性。

2. 仿真二

假设敌我双方的决策周期为 2s，双方初始时刻迎头飞行进入空战，整场空战持续了 280s。

敌我双方对抗仿真结果如图 4.13 所示。分析可知，初始时刻双方迎头飞行，作为智能体辅助决策的我方飞行高度比敌方高。为了占据空战态势有利位置，我方首先保持高度，确保形成以高打低的战术优势。为了避免暴露自身，敌方飞行员采取左转弯机动，我方采取右转弯机动，对敌方目标实施跟踪。为了躲避我方传感器的扫描，敌方采取俯冲机动，具备辅助决策功能的我方也立即跟随采用俯冲机动，继而我方保持高位态势，形成尾后攻击且以高打低的态势。敌我双方对抗终止状态如表 4.5 所示。

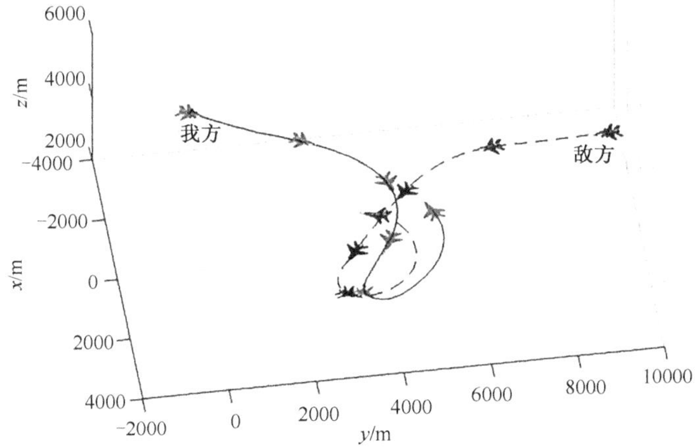

（a）敌我双方对抗航迹图

图 4.13　敌我双方对抗仿真结果

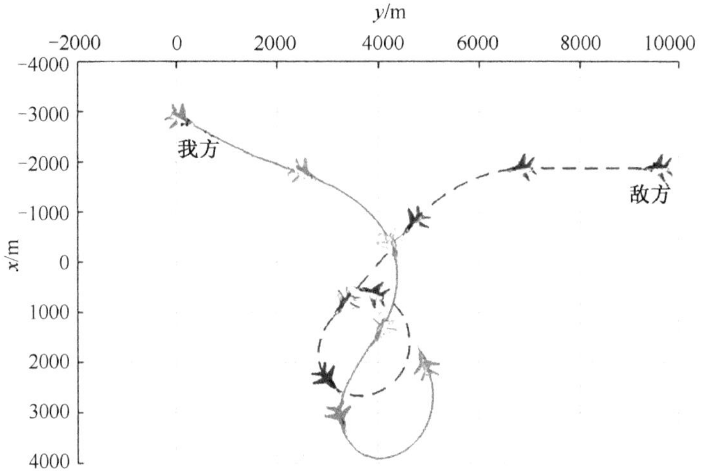

（b）敌我双方对抗航迹俯视图

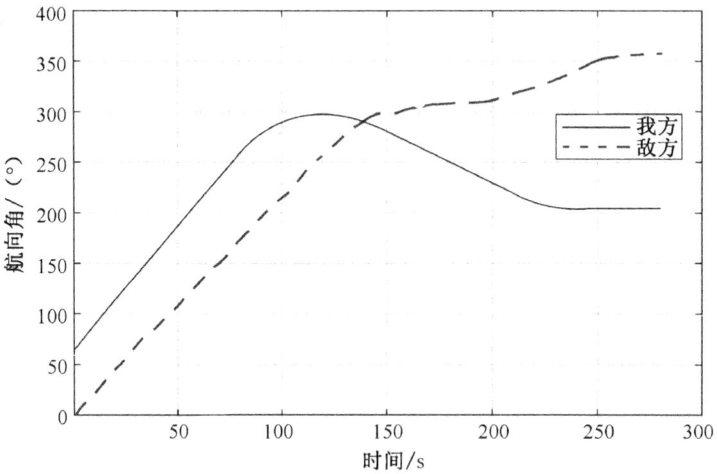

（c）敌我双方对抗航向角变化图

图 4.13　敌我双方对抗仿真结果（续）

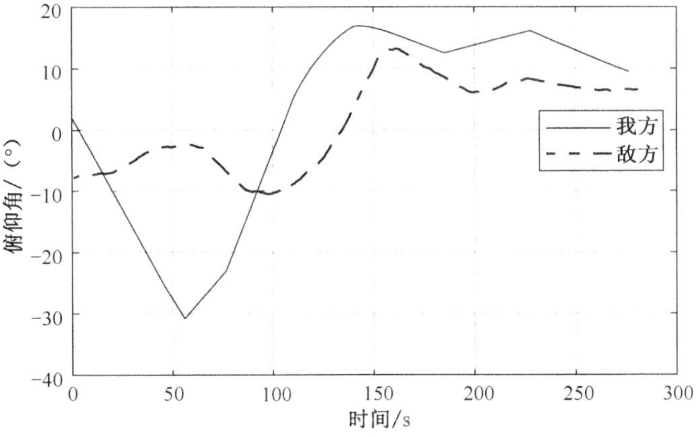

（d）敌我双方对抗俯仰角变化图

图 4.13　敌我双方对抗仿真结果（续）

表 4.5　敌我双方对抗终止状态

终止状态	x/m	y/m	z/m	航向角/（°）	俯仰角/（°）
敌方	625.4	3954	3810	358.9	5.5
我方	2054	4944	5143	204.2	8.9

4.5　本章小结

本章基于近似动态规划法理论对水平飞行、定速、一对一空战自主攻击占位决策方法进行研究，基于近似动态规划理论建立了空战自主攻击占位的决策框架。本章还针对空战环境的高维度状态空间，基于函数拟合的思路构建近似值函数，对空战过程的长期收益逼近优化，给出了自主攻击占位决策的策略学习方法；对传统的近似动态规划决策法存在的过冲和碰撞问题，提出了惩罚因子对近似动态规划法进行改进。仿真结果表明，改进的近似动态规划法在自主攻击占位决策中可以有效避免发生过冲和碰撞问题。

基于改进的近似动态规划法在自主攻击占位决策时，近似值函数的优劣对策略学习有至关重要的影响。确定合理的长期收益值函数将能逼近最优的值函数，进而得到最优的机动策略。同时，在进行策略学习时，敌方机动策略的优越性依赖于我方飞机的智能化水平。我方的智能化水平越高，敌方学习到的机动策略将更具健壮性和智能性。在后续的研究中，提高敌方飞机机动策略的智能性及逼近最优的值函数，将进一步提升飞机的自主空战能力。

本章通过研究一对一攻防对抗环境下的空战决策问题。对比分析传统的贪婪策略和动态启发式贪婪策略的决策方法，仿真结果表明，动态启发式贪婪策略有较好的启发性，搜索效率更高，收敛速度更快。针对灾难性扰动问题，通过引入重塑奖励机制，将状态值函数引入奖励值函数，理论证明了基于重塑奖励机制的机动决策方法收敛性，实验仿真结果说明基于塑造奖励机制的 RBF 神经网络能够较快地搜索出机动决策动作，仿真航迹也与真实空战训练情况相符。

由于值函数逼近的优劣对策略学习有至关重要的影响，重塑奖励机制的 RBF 神经网络也面临算法复杂化的问题。在后续研究中，如何设计值函数逼近模型及简化塑造奖励机制的算法复杂度，将有效提升自主空战中决策的智能性和实效性。

第 5 章
基于近似动态规划法的机动规避决策

5.1 引言

在空战过程中，如何以最大的生存概率规避敌方攻击是辅助决策系统不可或缺的一项技能，研究战斗机在威胁条件下的规避策略问题对于提高战斗机生存率具有十分重要的意义。但是，目前研究多集中于对战斗机的引导控制，实现战斗机的隐蔽接敌，较少涉及敌方的威胁和作战能力，以及我方战机处于劣势时的规避问题。

在传统的空战中，战斗机面临敌方威胁，规避策略主要依赖于飞行机动和战术的使用，飞行员的规避决策也通常依赖于实战训练的经验知识。通常规避威胁的方式主要有两种：一是先敌发射，在敌机发动攻击之前，先敌发射导弹，摧毁敌机；二是在敌方攻击的情况下，我机如何采取机动将敌方武器系统的杀伤概率降到最低，通常在此过程中伴随着有源和无源干扰。在实际空战中，在我机向目标机接近的同时，目标机也对我机构成威胁，并且伺机对我机实时攻击。随着航空武器装备的发展，空战对抗环境日益复杂，飞行员使用传统的基于经验知识的空战模式，很难有效实现规避威胁的目的，也不符合现代化空战对抗的作战需求。这些都要求辅助决策系统不仅能引导飞机完成攻击占位，也应具备规避威胁的能力，能根据所处的战场环境，寻找敌方弱点，选择不同的规避策略。

5.2 机动规避策略的理论依据

在空战攻防对抗过程中，战场辅助决策系统需要时刻掌握对抗环境，分析我方的威胁情况，进而采取相应的应对措施。但是，威胁规避决策必须遵循一定的依据。

在空战过程中，我方的威胁主要来自敌方传感器的威胁及机载武器系统的威胁两个方面。当交战双方相互接近时，我方的威胁主要来自敌机传感器探测的威胁。此时，我方的机动目标是使载机平台不被敌方传感器发现，当被敌方传感器探测时，载机配备的告警系统能够发出告警信号，避免被敌方传感器锁定。因此，在接敌过程中，首先要对敌方传感器的探测区域进行规避。一旦我机未在雷达锁定的时间内，机动至传感器的扫描盲区，则应当立即采取机动，对来袭的武器进行规避。针对武器系统的攻击条件，确定如下两种机动规避方式。

（1）选择相对位置。飞机采取的机动方式取决于当前时刻的双机状态，主要由距离和方位决定。选择相对位置实质上是通过机动占位，使来袭的武器对我方的命中率最小。

（2）大过载机动。大过载机动是指飞机在飞行过程中，突然改变航向或采取蛇形机动等大过载机动动作，使得武器系统无法稳定跟踪目标，导弹动力也因大过载机动迅速减弱，无法对我机实施攻击。

在现实空战中，飞行员在决策过程中，首先根据当前的空战状态信息，对敌机的运动方位和速度等状态信息进行预测，进而完成机动决策。本章主要从模拟飞行员决策的角度对机动规避决策进行研究，基于当前计算机强大的数据处理能力，通过分析当前采集的状态信息，快速准确地预测敌方航迹，依照 Q-network 相关理论知识和预测的状态信息，采取相应的机动策略。

5.3 敌机航迹状态预测

长短期记忆网络（LSTM）是一种特殊形式的递归神经网络（Recursion neural network，RNN），适用于序列数据处理，广泛应用于语音识别、机器翻译等领域且效果良好，近来在动作识别、轨迹预测等领域崭露头角。由于航迹信息是一组序列性数据，符合 LSTM 网络的数据处理要求。本书主要以空战训练系统记录的航迹数据为样本数据源，基于 LSTM 网络建立基于态势认知的航迹预测模型，通过对运动规律的学习推理，实现对敌方飞行航迹的预测。

5.3.1 长短期记忆网络框架

LSTM 网络是在循环神经网络 RNN 的基础上，通过将记忆单元（Memory Cell）和 3 种门（输入门、遗忘门、输出门）引入隐含层，来实现神经网络的信息记忆与控制。上述机制的引入，避免了单元训练时内部梯度受不利干扰的影响，梯度消失和梯度爆炸问题也可随之避免。LSTM 网络的神经元结构如图 5.1 所示。

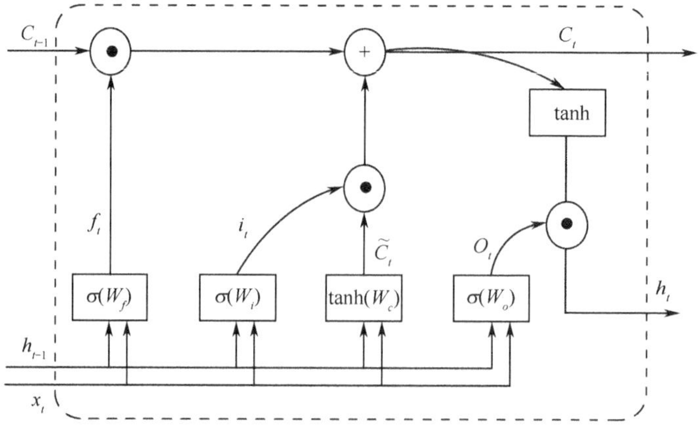

图 5.1 LSTM 网络的神经元结构

图 5.1 中，t 时刻输入的变量 x_t 是指战机当前时刻的状态信息，O_t 是当前 t 时刻的输出。

输入门：

$$i_t = \sigma(W_i \times [h_{t-1}, x_t] + b_i) \tag{5.1}$$

遗忘门：

$$f_t = \sigma(W_f \times [h_{t-1}, x_t] + b_f) \tag{5.2}$$

输出门：

$$O_t = \sigma(W_o \times [h_{t-1}, x_t] + b_o) \tag{5.3}$$

因此，有式（5.4）～式（5.6）：

$$\tilde{C}_t = \tanh(W_c \times [h_{t-1}, x_t] + b_c) \tag{5.4}$$

$$C_t = f_t \odot C_{t-1} + i_t \odot \tilde{C}_t \tag{5.5}$$

$$h_t = O_t \tanh(C_t) \tag{5.6}$$

式中，i_t 表示输入门；f_t 表示遗忘门；O_t 表示输出门；C_t 表示 Cell 单元；tanh 表示激活函数。

航迹预测是一个序列到序列的映射问题，LSTM 模型能够将预测值实时反馈到网络中，与输入值共同决定输出值，并且不会更新网络结构，计算代价小。当 LSTM 网络输入航迹序列 $X = \{x_1, x_2, \cdots, x_m\}$，输出的预测序列表示为：

$$X_{\text{pre}} = \{x_{p_1}, x_{p_2}, \cdots, x_{p_n}\}$$

因此，航迹预测问题就转换成输入序列 X 条件下的最大化条件概率 $P(X_p|X)$，具体表示如下：

$$\begin{aligned} X_p^* &= \arg\max P(X_p \mid X) \\ &= \arg\max P(x_{p_1}, x_{p_2}, \cdots, x_{p_n} \mid x_1, x_2, \cdots, x_m) \\ &= \arg\max \prod_{t=1}^{n} P\left(x_t \mid x_1, x_2, \cdots, x_m, x_{p_1}, x_{p_2}, \cdots, x_{p_{t-1}}\right) \end{aligned} \tag{5.7}$$

由此，定义模型的损失函数为：

$$L(\theta, X_p) = -\sum_{t=1}^{n} \lg P\left(x_t \middle| X, x_{p_1}, x_{p_2}, \cdots, x_{p_{t-1}}, \theta\right) \tag{5.8}$$

式中，θ 为模型各层连接权值和偏置的综合；n 为航迹预测序列长度。

5.3.2 损失函数优化算法

在传统的神经网络中，参数更新大多数采用随机下降梯度法进行，公式如下：

$$\theta = \theta - a\frac{\partial L(\theta)}{\partial \theta} \tag{5.9}$$

式中，θ 表示要更新的参数集合；a 表示学习率。

普通的随机梯度下降法（Stochastic Gradient Descent，SGD）存在如下不足：

（1）学习率选择困难。学习率太小，容易陷入局部最优；学习率太大，又不容易收敛。

（2）固定学习率难以适用于所有参数更新。如果数据稀疏且特征区别又很大，随着迭代次数的增加，部分参数需要采用较小的学习率进行微调；另外一部分则需要较大的学习率，以提高收敛的速度。如果采用固定的学习率，最终结果将无法收敛至最优解。

（3）容易陷入鞍点。鞍点是指在所有方向上的梯度均为零，但这并不是一个最小点，甚至不是局部最小点。

针对上述问题，专家学者提出了各种优化方法，如基于冲量的优化算法、Adagrad 优化算法、Adam 优化算法。

基于冲量的优化算法是在原来的参数更新思想中引入加速度的概念。通过借用动量的概念，模拟参数更新时的惯性作用。即参数更新时，不仅保留了前一时刻更新的梯度方向，同时借助样本梯度对梯度的更新方向进行微调。如果某一时刻梯度下降的方向与前一时刻的梯度方向保持一致，则这个方向的梯度将会增大；若当前的梯度方向与历史梯度方向不一致时，则梯度会衰减。这样一来，可以在一定程度上加快收敛速度，并且可以减小振荡，增加参数迭代的稳定性。

基于冲量的优化算法计算公式为：

$$
\begin{aligned}
v_t &= \gamma v_{t-1} + a\frac{\partial L(\theta)}{\partial \theta} \\
\theta &= \theta - v_t
\end{aligned}
\tag{5.10}
$$

式中，γ表示冲量更新值，一般情况下取 0.9。

从式（5.10）可以看出，每次参数的更新都会累积上一时间点的冲量，所以在更新梯度时，会加速参数的收敛。图 5.2 所示为基于冲量的优化算法和普通随机梯度优化算法的梯度下降示意图。

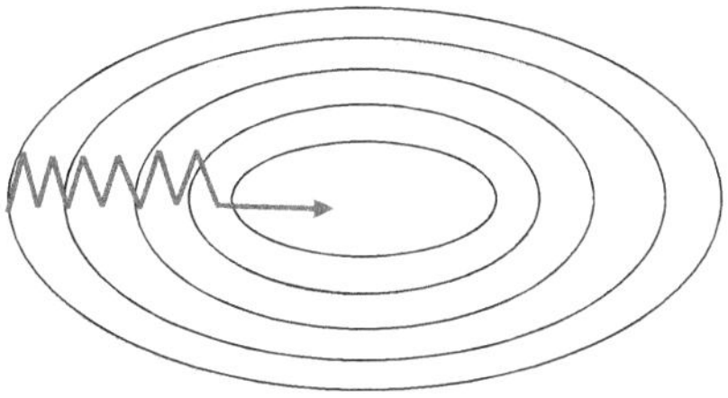

（a）随机梯度优化算法在最小区域下降

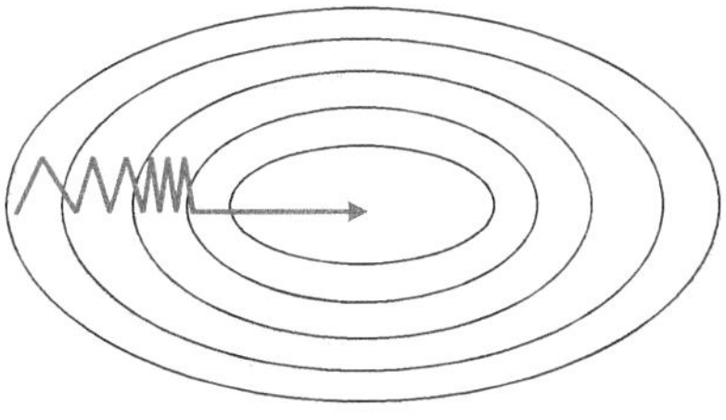

（b）基于冲量的梯度优化算法在最小区域下降

图 5.2　不同梯度算法梯度下降示意图

从图 5.2 中可以看出，普通随机梯度优化算法始终保持固定的速度收敛，而基于冲量的优化算法不仅可以更加快速地使参数收敛，而且在遇到局部最优点时，可以“冲”过这些局部解，在某种程度上减少陷入局部最优点的概率。

虽然基于冲量的优化算法对学习率进行了动态调整，加速了参数的收敛，但是对于不同的参数更新未做出区别对待。Adagrad 优化算法在参数自适应调整的基础上，区分参数更新的频繁程度，对不同的参数进行更新。当参数频繁变化时则进行比较小的参数更新；当参数变化不大时则进行较大的参数更新。因此，这种参数优化方法特别适合处理特征区别较大的稀疏数据。

Adagrad 优化算法对于每个参数 θ_i，在不同的时间点采用不同的学习率。根据各个时间点的参数 θ_i 设置 $\text{Grad}_{t,i}$ 为目标函数的梯度：

$$\text{Grad}_{t,i} = \frac{\partial}{\partial \theta} L(\theta) \tag{5.11}$$

基于上一次计算的梯度 θ_{ti} 修改学习率 a 如下：

$$\theta_{t+1,i} = \theta_{ti} - \frac{a}{\sqrt{\boldsymbol{G}_{t,ii} + \varepsilon}} \text{Grad}_{t,i} \tag{5.12}$$

式中，$\boldsymbol{G}_{t,ii} \in \mathbf{R}^{d \times d}$，$\boldsymbol{G}_{t,ii}$ 是一个对角矩阵，其对角元素是 θ_i 和时间步长 t 的梯度平方和；ε 是一个平滑项，防止被零除。

Adagrad 优化算法的缺点是在训练中后期，分母上梯度平方的累加将会越来越大，这会导致学习率的退化，使得梯度趋近于 0，致使训练提前结束。

Adam 优化算法不仅可以自适应地调整学习率，而且把累加前面的梯度限制在一定的范围内，而不是累加所有过去的梯度平方。

本节模型训练采用自适应矩估计优化算法（Adam 优化算法）。相比随机梯度优化算法，Adam 优化算法通过计算梯度的均值和偏方差为不同的参数独立设计自适应学习率。

Adam 优化算法需要在参数更新时，记录过去梯度的指数平均值 m_{t-1} 和梯度平方偏方差 n_{t-1}，m_t 和 n_t 计算公式如下：

$$\begin{cases} m_t = \beta_1 m_{t-1} + (1-\beta_1)\mathrm{Grad}_t \\ n_t = \beta_2 n_{t-1} + (1-\beta_2)\mathrm{Grad}_t^2 \end{cases} \tag{5.13}$$

式中，$\beta_1=0.9$，$\beta_2=0.99$；对应梯度均值 m_t 的偏差修正为 $\hat{m}_t$；偏方差 n_t 的偏差修正为 $\hat{n}_t$，计算偏差修正的公式如下：

$$\begin{cases} \hat{m}_t = \dfrac{m_t}{1-\beta_1^t} \\ \hat{n}_t = \dfrac{n_t}{1-\beta_2^t} \end{cases} \tag{5.14}$$

由此，得到参数的更新公式如下：

$$\theta_{t+1} = \theta_t - \frac{a}{\sqrt{\hat{n}_t + \varepsilon}}\hat{m}_t, \quad \varepsilon = 10^{-8} \tag{5.15}$$

Adam 优化算法首先对参数向量、一阶矩向量和二阶矩向量进行初始化，然后迭代更新各个部分，使参数 θ 收敛。

5.3.3　航迹预测模型

区别于传统的航迹预测，空战航迹具有连续性、机动性、互动性等特点，并且战机受到多种因素影响（如飞行科目、环境因素等），而传统通过飞行控制进行航迹预测的方法考虑因素较少。本模型选择空战实际训练数据进行研究，实验数据反映了空战中各个因素的综合作用。根据战机飞行航迹特点，考虑空战航迹的连续性特征，将战机的纬度 lat、经度 lon 和高度 h 等引入模型。考虑空战航迹的机动性特征，将速度信息 v 和姿态信息（俯仰角 θ、横滚角 ϕ 和偏航角 φ）引入模型。考虑战机间的互动性，以一对一空战为例，将两机相对位置信息引入模型，考虑飞行员是战机的直接操纵者，其机动判断的直接信息为两机相对距离和敌机速度方向，因此将相对距离 r 和两机速度矢量夹角 α 引入模型。模型输出为下一时间段的位置信息，流程如图 5.3 所示。

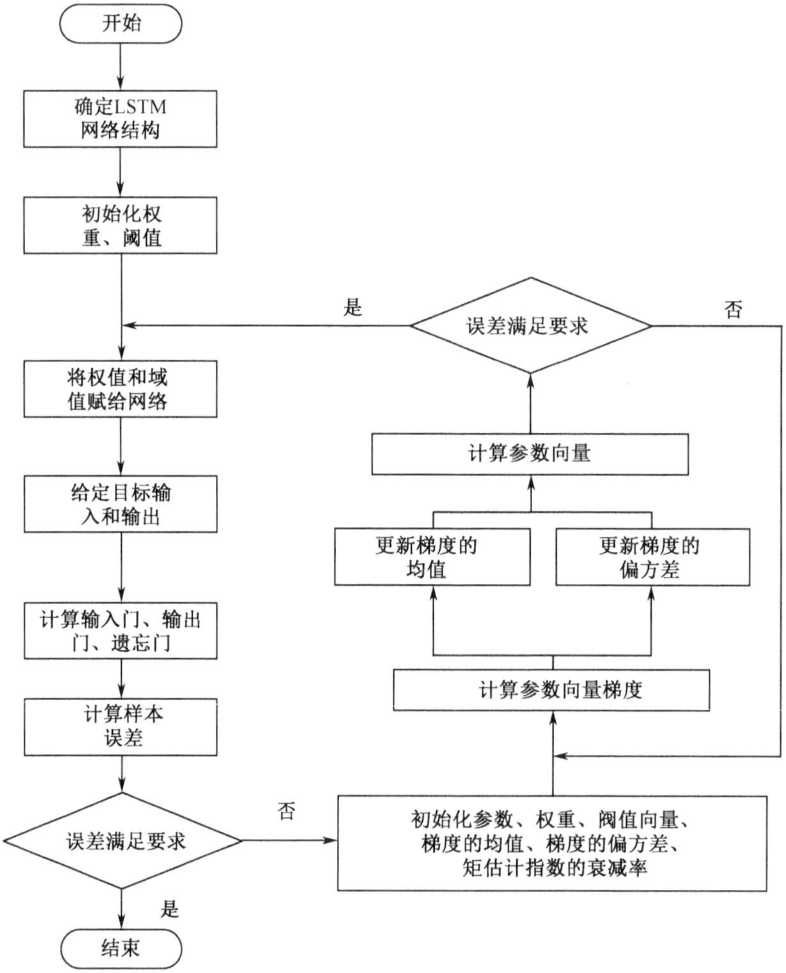

图 5.3　Adam 优化算法 LSTM 网络流程图

5.3.4　仿真分析

本书以一对一空战对抗的训练数据为研究对象，采用 BP 神经网络、实时反馈 LSTM 网络分别对战机飞行航迹进行预测，比较不同类型神经网络的预测结果。其中，LSTM 初始学习率设为 0.001，batch size 设为 128，LSTM 网络包含 5 个隐含层，每层 128 个节点，采用 Adam 优化算法。BP 神经网络设计为 3 层，隐含层节点数设为 20 个，训练精度设为 1×10^{-5}。为评价模型的预测精度和训练速度，在仿真结果的分析中，采用均方预测误差 RMSE 来描述状态预测质量。

$$\mathrm{RMSE}(k)=\sqrt{\frac{1}{N}\sum_{k=1}^{N}\left[x(k)-x_{\mathrm{pre}}(k)\right]^2} \tag{5.16}$$

式中，N 为仿真次数；$x(k)$和 $x_{\mathrm{pre}}(k)$分别为 k 时刻机动目标状态的真实值和预测值。仿真结果对比如图 5.4 所示。

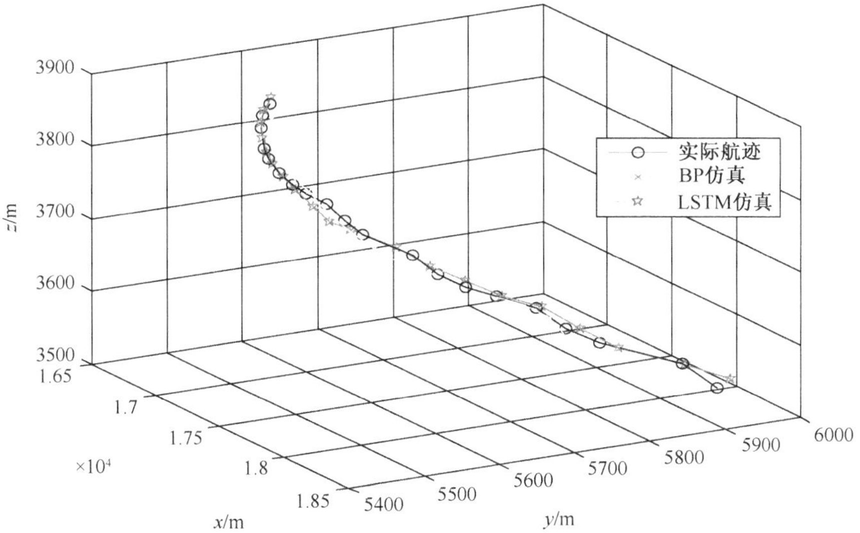

图 5.4　BP 和 LSTM 仿真结果对比示意图

图 5.4 中 3 条曲线分别代表 BP 神经网络和 LSTM 网络两种算法的预测航迹，以及实际航迹，从图 5.4 中可以看出，采用 LSTM 网络算法

预测的航迹与真实航迹相比较为接近，采用 BP 神经网络对航迹的预测则误差较大。

图 5.5 表示了不同预测时长对航迹预测精度的影响，对比可见，采用 BP 神经网络的预测效果波动较大，而采用 LSTM 网络算法的航迹预测效果随预测时长波动较小，在预测时长为 3s 时，均方预测误差最小，预测精度最高。采用 BP 神经网络、随机梯度优化算法 LSTM 网络、Adam 优化算法 LSTM 网络 3 种方法收敛时的迭代次数如表 5.1 所示。

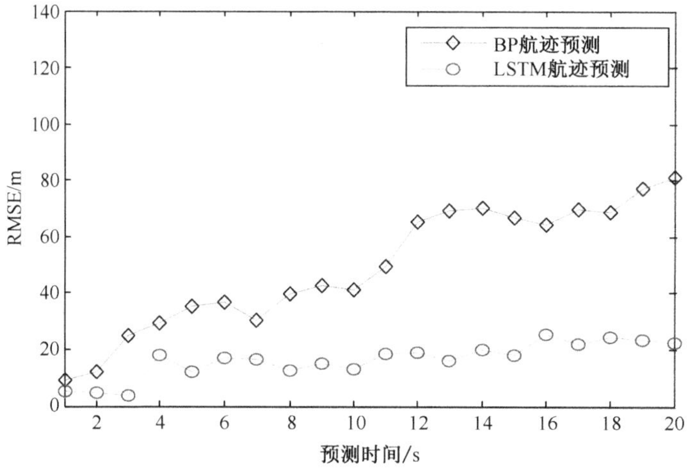

图 5.5　不同预测时长对航迹预测精度的影响

表 5.1　3 种方法训练迭代次数对比

算　法	迭代次数/次
BP	50
LSTM（SGD）	356
LSTM（Adam）	247

由表 5.1 可知，由于 BP 神经网络结构简单，参数更新比较及时，因此基于 BP 神经网络的预测模型收敛最快；而 LSTM 网络结构复杂，相比 BP 神经网络的预测模型，其收敛速度较慢。但是由于采用 Adam

优化算法的 LSTM 网络预测模型能够动态调整学习率，因此，基于 Adam 优化算法的 LSTM 网络预测模型比采用随机梯度优化算法的 LSTM 预测模型迭代次数更少、收敛速度更快。

5.4　基于 Q-network 的机动规避决策

与第 4 章攻击占位决策不同，机动规避决策是在我机处于劣势时采取机动快速摆脱敌机打击或者逃出危险区域，规避威胁的策略价值是以敌机对我机的威胁值最小为目标。因此，应基于强化学习框架，构建 Q-network 的机动规避模型。首先，基于当前时刻和历史状态信息，对敌机的航迹进行预测；其次构建威胁评估模型对敌机的预测航迹进行评估；最后以威胁值最小为策略价值，在 Q-network 的框架下搜索出最优的机动规避策略。双方战机的模型依然采用第 4 章的动力学模型。本节着重对威胁评估模型、机动动作的选择策略及 Q-network 的模型建立进行阐述。

5.4.1　威胁评估模型的建立

空战威胁评估是指在空战对抗过程中敌机对我机的威胁程度，主要受双方角度、双方速度和双方距离 3 个关键因素的影响，分别建立角度威胁模型、速度威胁模型和距离威胁模型。

角度威胁指数计算公式如下：

$$T_a = \frac{|q_b| + |q_r|}{2\pi} \tag{5.17}$$

式中，q_b 为目标速度矢量与目标连线的夹角；q_r 为我机速度矢量与目标连线的夹角。目标速度矢量与目标连线的夹角越大，敌机对我机的威胁越大；当目标速度矢量与目标连线的夹角逐渐减小时，敌机对我机的威胁逐渐减小。当我机速度矢量与目标连线的夹角逐渐增大时，敌机对我机的威胁增大；当我机速度矢量与目标连线的夹角逐渐减小时，敌机对我机的威胁逐渐减小。

速度威胁指数计算公式如下：

$$T_v = \begin{cases} 0.1, & R_v < 0.6 \\ -0.5 + R_v, & 0.6 \leqslant R_v \leqslant 1.5 \\ 1.0, & R_v > 1.5 \end{cases} \tag{5.18}$$

式中，$R_v = V_b / V_r$，当敌机速度小于我机速度的 0.6 倍时，我机可以通过加速摆脱敌机的攻击；当敌机速度大于我机速度的 0.6 倍且小于 1.5 倍时，敌机对我机的威胁逐渐增大；当敌机的速度大于我机速度的 1.5 倍时，我机无法通过加速摆脱威胁，此时我机受到的威胁最大。

距离威胁指数计算公式如下：

$$T_r = \begin{cases} 0.5, & R \leqslant rm, R < rmt \\ 0.5 - 0.2\left(\dfrac{R - rmt}{rm - rmt}\right), & rmt < R < rm \\ 1.0, & rmt > R > rm \\ 0.8, & \max(rm, rmt) < R < rr \end{cases} \tag{5.19}$$

式中，R 为敌我双方的距离；rmt 为敌机导弹的攻击距离；rm 为我机导弹最大射程；rr 为雷达的最大跟踪距离。根据文献[88]可知，角度威胁因子和距离威胁因子是乘积关系，总体的威胁指数是一个相加的关系，即：

$$T = a_1 \times T_r \times T_a + a_2 \times T_v \tag{5.20}$$

式中，a_1 和 a_2 为权重系数，本书取权重系数 $a_1 = a_2 = 1$。由于机动规避的目标是使敌机对我机的威胁值最小，故转换成强化学习中的奖励，则使 $R = -T$ 值最大。

5.4.2　机动规避动作的选择

常见的动作选择策略有贪婪策略、高斯策略和玻尔兹曼分布策略。本章提出一种新的动作策略。空战中的攻防对抗实质上是一个零和博弈的过程，我方在选择机动规避动作的同时，敌方也在选择机动动作使己方的收益值最大化。并且双方在机动动作的选择过程中，收益值保持相对平衡，敌方的收益就是我方的损失。因此，我方的机动动作不能简单地选择最大的 Q 值对应的动作对，应当视为一个矩阵博弈过程。假设某一时刻的任意一个动作对〈a_r, a_b〉都会产生一个收益 $Q(s, a_r, a_b)$，记作 Q_{ij}。其中，i 和 j 分别表示敌我双方选择的动作序号。某一时刻敌我双方的赢得矩阵表示为：

$$\boldsymbol{A}_t = \begin{bmatrix} Q_{11} & Q_{12} & \cdots & Q_{17} \\ Q_{21} & Q_{22} & \cdots & Q_{72} \\ \vdots & \vdots & \ddots & \vdots \\ Q_{71} & Q_{72} & \cdots & Q_{77} \end{bmatrix}$$

由博弈论理论可知，若存在最优纯策略，即任何一方未采取该动作，都会使自身的收益减小；相反，敌方则会因此获利。此时最优纯策略满足：

$$\max_i \min_j Q_{ij} = \min_j \max_i Q_{ij} = Q_{i^* j^*} \tag{5.21}$$

但是，纯策略存在是有一定条件的，大多数情况下的博弈都是混合策略。由纳什定理可知，有限零和博弈在混合策略下必然存在一个平衡局势。根据纳什均衡原理可知，双方在博弈过程中，各自以某一概率选择机动动作。此时，我方选择机动动作遵循策略：

$$p_r = [p_1 \quad p_2 \quad \cdots \quad p_7]$$

敌方的机动策略遵循：

$$p_b = [q_1 \quad q_2 \quad \cdots \quad q_7]$$

任意时刻的矩阵博弈都可以转换为一对互偶的线性规划问题。

$$\min\left(p_1^* + p_2^* + p_3^* + p_4^* + p_5^* + p_6^* + p_7^*\right)$$
$$\text{s.t.}\begin{cases}\sum_i Q_{ij} p_i^* \geqslant 1,\ j = 1, 2, 3, \cdots, 7 \\ p_i^* \geqslant 0,\ i = 1, 2, 3, \cdots, 7\end{cases} \tag{5.22}$$

$$\max\left(q_1^* + q_2^* + q_3^* + q_4^* + q_5^* + q_6^* + q_7^*\right)$$
$$\text{s.t.}\begin{cases}\sum_j Q_{ij} q_i^* \geqslant 1,\ i = 1, 2, 3, \cdots, 7 \\ q_j^* \geqslant 0,\ j = 1, 2, 3, \cdots, 7\end{cases} \tag{5.23}$$

在最优纯策略情况下，敌我双方依据式（5.22）和式（5.23）选择机动动作；当在给定混合策略的情况下，敌我双方以一定的概率选择机动动作。本章主要采用轮盘赌方法确定双方的机动动作。动作选取如算法 5.1 所示：

算法 5.1

input：$p_i,\ i = 1, 2, 3, \cdots, 7$

init：动作编号＝1, $i_{\text{new}}=1$

rnd＝$U(0, 1)$；

$$P^* = \begin{bmatrix} p_1 & \sum_{i=1}^{2} p_i & \cdots & \sum_{i=1}^{7} p_i \end{bmatrix}$$

while $(P_{i_{\text{new}}}^* < \text{rnd})$

$i_{\text{new}} = i_{\text{new}} + 1$

动作编号＝i_{new}

end

output

本章对机动动作的选择分为两个阶段：①模型学习阶段，智能体采用ε-纳什均衡策略，以ε的概率随机选择机动动作，以 1-ε 的概率选择纳什均衡策略求解的机动动作；②学习完毕后的策略输出阶段，智能体采用满足纳什均衡策略的机动动作。

5.4.3　Q-network 模型构建

由 5.4.1 节可知，空战过程是一个连续多维的状态空间，采用查询表式的经典强化学习方法容易出现维数灾难问题。本节采用与第 4 章类似的思路，通过深度神经网络近似逼近状态动作对值函数，深度神经网络结构示意图如图 5.6 所示。

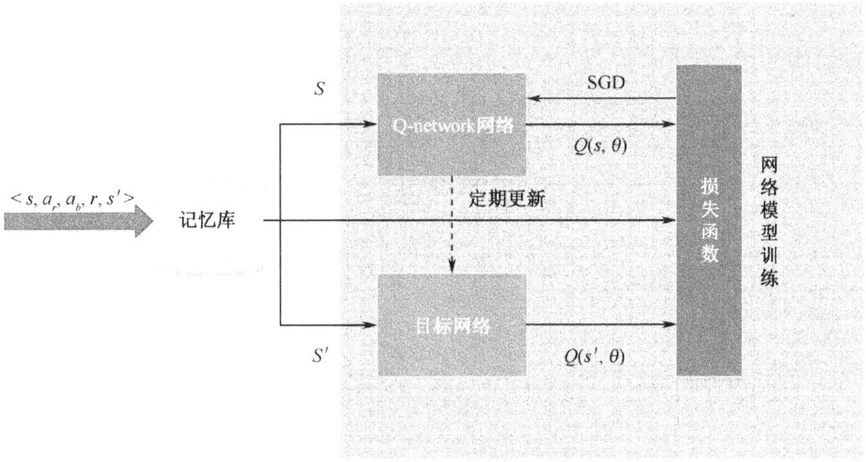

图 5.6　深度神经网络结构示意图

从图 5.6 可以看出，深度神经网络结构主要包括目标网络和 Q-network 网络两个部分。构建目标网络的目的是形成 Q-network 的目标输出，通过强化学习的 TD 误差实现网络参数的更新迭代。Q-network 网络的目标是利用网络训练样本数据，通过神经网络参数更新，减小 TD 误差，对状态动作对值函数进行估计。两个网络的区别在于参数更新的方式不同。由于在采用神经网络拟合逼近最优值的过程中，容易出现 Q 值不收敛现象，而目标网络和 Q-network 网络的应用解决了 Q 值不收敛的问题，目标网络的网络参数在一段时间内保持不变，这减轻了模型的波动性。同时，基于神经网络拟合的方法有一个重要的假设，即输入样本数据是独立的且来自同一分布，而空战连续的序列状态样本存在一定的相关性。为了解决此问题，定义经验库缓存空间。记忆库将采集的序列状态样本打乱顺序，实现经验回放。

两个网络的训练过程如下：

（1）网络初始化时，目标网络和 Q-network 网络采用相同的结构参数。

（2）网络训练过程中，Q-network 网络负责与环境的交互，得到状态动作对值函数。

（3）在学习过程中，将目标网络得到的目标价值与 Q-network 网络的估计值进行比较，得出目标值并更新 Q-network 网络。

（4）训练完成一定迭代次数，Q-network 网络的网络参数就会同步给目标网络。

Q-network 网络由输入层、隐含层和输出层 3 层神经网络构成，各层之间采用全连接，其网络结构如图 5.7 所示。根据 5.1 节分析可知，在求解机动规避决策时，首先要对敌方的航迹进行预测，在 Q-network 网络输入层的 14 个节点输入当前时刻预测的 14 个航迹状态属性。输出层的 49 个节点分别输出状态动作对值函数 $Q(s; a_r, a_b)$，隐含层的节点数设为 64 个。其中，Sigma 函数为输入层到隐含层的激活函数，而隐含层到输出层的激活函数则采用线性函数。

目标网络结构采用和 Q-network 网络相同的网络结构，其网络参数 θ^- 的更新不是通过自身训练得到的，而是直接复制 Q-network 网络的网络参数。目标网络的结构参数并非实时更新，而是每隔固定时间更新一次，其余时间均保持固定。

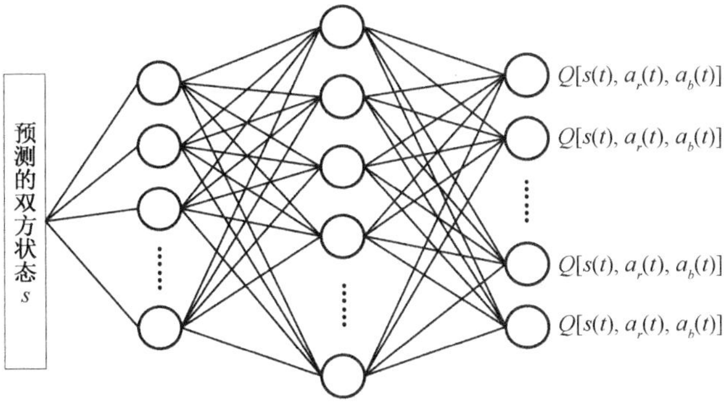

图 5.7　Q-network 网络结构图

记忆库主要将大量策略执行数据〈s, a_r, a_b, r, s'〉记录下来，通过记忆库的样本训练神经网络。进入记忆库的数据主要是当前预测的空战状态 s，敌我双方采取的机动动作，对应的即时收益 r，以及采取动作之后的新状态 s'。随着学习的继续，不断有新的样本加入记忆库，当记忆库中的样本数量大于最大容量时，则随机选择 50 组样本对网络进行训练。

Q-network 网络训练的目的是准确估计出状态动作对值函数 $Q(s; a_r, a_b)$。通过网络参数的更新，减小 TD 误差，定义损失函数为：

$$\text{loss} = \frac{1}{2}\left[r(s) + \gamma Q\left(s', a'; \theta^{-}\right) - Q\left(s, a; \theta\right)\right]^2 \tag{5.24}$$

式中，$r(s)$为即时奖励；γ为折扣因子；$Q(s', a'; \theta^{-})$为纳什均衡策略下目标网络的估计值；$Q(s, a; \theta)$为纳什均衡策略下 Q-network 网络的估计值。

基于 Q-network 网络的机动规避决策主要分为以下两步：

（1）网络模型的训练。网络模型的训练包括目标网络的训练和 Q-network 网络的训练。

首先完成两个网络的初始化参数设置。在强化学习框架下，Q 值函数迭代更新，将策略执行数据〈s, a_r, a_b, r, s'〉存储到记忆库中。

连续高维的状态空间使得网络训练速度较慢，为了提高模型的训练效率，本书在网络训练初期均选择固定的初始状态。从空战的初始状态出发，在ε-纳什均衡策略下，根据状态转移方程完成状态的持续更新。当任意一方满足攻击条件或者双方均满足攻击条件，则该场景的模型训练结束；当网络训练迭代次数大于最大迭代次数时，表示该场景的模型训练结束；当任意一方或者双方状态变量不满足状态变量约束时，表示该场景的模型训练结束。

当记忆库中记录的经验数据大于 Q-network 网络训练的小样本数量时，即开始增量训练 Q-network。在强化学习框架下，新的 Q-network 重新完成迭代，直至迭代次数大于期望的迭代次数。此时，我们认为学习过程结束。

（2）策略输出阶段。此时，Q-network 网络的权重参数不再随记忆库的样本数据更新，此时的 Q-network 网络也已经初步具备一定的泛化能力。当空战双方的初始状态给定时，将双方的初始状态输入 Q-network 网络，则其会快速计算出对应的各个状态动作对值函数，动作选择策略采用纳什均衡策略，对我方当前的机动规避动作进行决策。

5.4.4 仿真分析

设定空战双方的战术决策周期为 2s。假设敌方探测目标的传感器作用距离大于我方，我方采用辅助决策的方法规避敌方的威胁。设定 Q-network 的奖励折扣率为 0.9，深度神经网络的学习率为 0.001，空战双方的初始状态如表 5.2 所示。

表 5.2 空战双方的初始状态

初始状态	x/m	y/m	z/m	航向角/（°）	俯仰角/（°）
我方	−1809	2541	5022	45	0
敌方	2182	8854	5022	−60	0

敌我双方对抗航迹如图 5.8 所示。

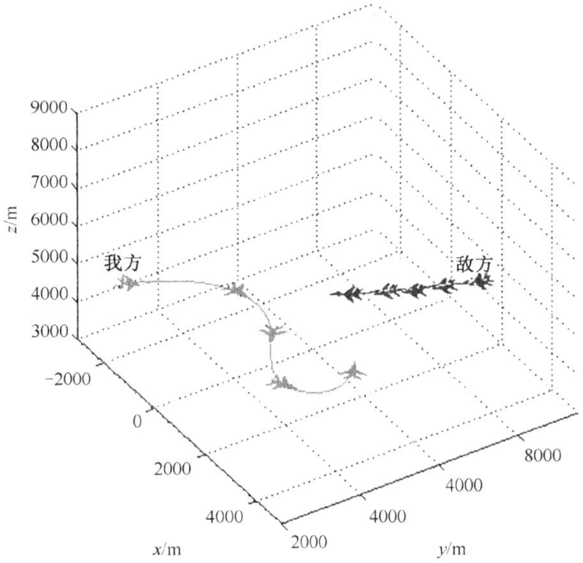

（a）敌我双方对抗图

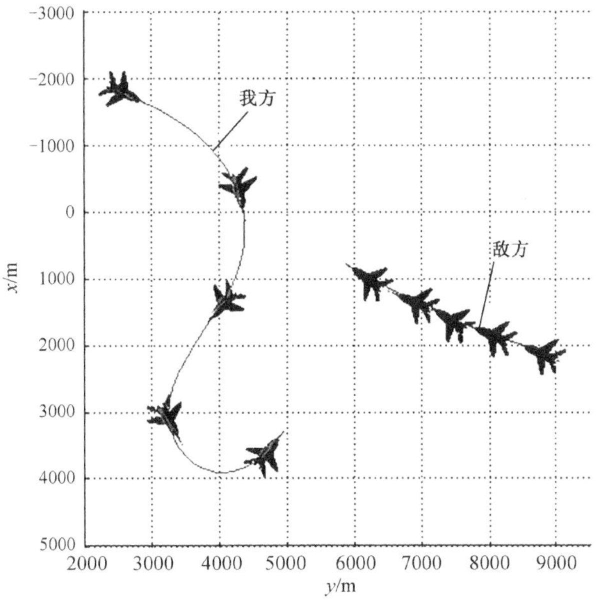

（b）敌我对抗俯视图

图 5.8　敌我双方对抗航迹图

由图 5.8 分析可知，初始时刻双方迎头飞行，敌方因为传感器的性能较好，可以在较远的距离发现目标。我方为了规避敌方的打击，迅速采取右转机动，再转弯迂回的战术对敌方实施攻击。仿真结果表明，采用 Q-network 和轮盘赌机动策略，可以有效实现对来袭威胁的规避。敌我双方仿真对抗的终止状态如表 5.3 所示。

表 5.3　敌我双方仿真对抗的终止状态

终止状态	x/m	y/m	z/m	航向角/（°）	俯仰角/（°）
我方	3624	4732	5159	135	5.5
敌方	960.1	6244	5012	−63	8.9

5.5　本章小结

本章通过研究一对一攻防对抗环境下的机动规避决策问题，分析实际空战机动规避过程。首先，建立航迹预测模型，仿真结果表明基于 Adam 优化算法的 LSTM 网络在预测航迹时具有较高的精度，且收敛速度较快。其次，将预测的航迹状态作为 Q-network 网络的输入状态，动作选择策略采用轮盘赌方式进行，仿真结果表明，将预测的航迹状态引入机动规避决策，可以预判潜在的风险。在 Q-network 框架下，采用轮盘赌方式的动作选择策略可以有效实现战术目的，实现攻防对抗环境下的机动规避。

第 6 章
研究工作总结及展望

人工智能技术广泛应用于军事装备领域，在未来空战中，航空装备也在向无人化、智能化发展。虽然人工智能技术的发展最终会将空战推向无人化发展，但是鉴于当前一段时间，智能技术的局限性，本书从减轻飞行员操纵压力的角度，通过提取空战特征，简明直接地感知空战态势；构建动态变权重的态势评估，为后续决策作为依据；基于强化学习框架，构建智能体辅助决策模型。本章主要是对前面5章的总结，得出结论，并对未来该领域的发展进行展望。

6.1 研究工作总结

首先，本书以空战训练数据为研究对象，构建空战态势特征分类模型，以主成分分析法为基础构建态势特征提取模型，为飞行员简明直接地提供当前所处的空战态势。其次，本书分析空战态势变化特点，构建动态变权重的态势评估模型，为后续决策提供依据。最后，本书基于近似动态规划法和强化学习框架分别构建攻击占位决策模型和机动规避决策模型。

1. 聚类分析空战态势，提取空战态势特征

首先，以某型训练系统的实训数据为研究对象，基于密度峰值聚类算法构建态势分类模型。针对密度峰值聚类算法在确定聚类中心时主观性较强的特点，引入改进的密度峰值聚类算法。在聚类分析态势数据后，基于主成分分析法分别对各类型的态势数据进行分析，提取出反映空战态势的关键特征，从而使飞行员简明直观地感知当前所处的空战态势。

2. 针对空战态势动态变化特点，构建动态变权重的态势评估模型

本书首先分析了态势评估中常权求和带来的信息动态性不够灵活的问题，然后在优势函数法的基础上，基于动态贝叶斯理论构建态势分

类模型，对不同态势类型下的指标分别赋予不同的权重，反映了各个指标对态势值的贡献大小。该方法根据空战态势的变化特点，对各个指标权重进行动态调整。仿真实验进一步验证了文中所提方法具有一定的现实指导意义。

3. 基于近似动态规划法的攻击占位决策

针对近似动态规划法求解机动决策问题时可能出现的维数灾难问题，本书首先分析了二维平面内的机动决策问题，通过引入惩罚因子对近似动态规划法进行改进，避免了机动决策过程中因前瞻性不足引起的过冲问题和碰撞问题。针对三维空间内的攻击占位决策，本书首先建立飞机的三维动力学模型，采用 *Q-V* 值协同逼近的 RBF 网络拟合状态动作值函数，通过改进的动作选择策略训练网络模型。仿真结果验证了本书所提方法的有效性。

4. 基于航迹预测的 Q-network 机动规避决策

本书针对机动规避决策之前飞行员对敌方航迹的预测问题，根据飞行数据的序列性特点，构建 Adam 优化算法 LSTM 网络模型，对敌方航迹进行预测。仿真结果表明，该方法对时间序列预测问题具有较强的健壮性。本书在航迹预测的基础上构建 Q-network 网络模型，将预测的航迹信息作为威胁进行规避，同时采用轮盘赌的动作选择策略选择机动动作。仿真结果表明，基于 Q-network 的机动规避决策能够将我方战机引导至威胁区外。

6.2　研究工作展望

随着人工智能技术的发展，智能化空战成为当前各军事强国研究发展的热点。信息化、智能化背景下的空战形态也在悄然发生转变，航空装备的升级换代，使未来空战环境更加复杂、信息化程度更高。飞行员在面对复杂条件时的攻防对抗压力也不言而喻，研究计算机智能实时辅助决策将具有一定的现实意义。本书虽然对辅助决策的方法进行了一定研究，但是在未来发展无人化航空装备时，还可以从以下几个方面进行研究和探讨。

（1）在构建态势分类模型时，受聚类算法限制，在后续的态势特征提取时可能存在一定误差。因此在后续的研究中，可以加强对态势分类算法的研究，在获得态势特征的样本数据后，通过对数据样本的分析，利用深度学习等相关领域知识，实现关键态势特征的提取，为飞行员提供简明直观的战场态势，加强未来航空装备的人机工程性。

（2）在构建态势评估模型时，本书借鉴了专家学者的态势评估方法，未考虑各个评价指标之间的相关性。同时，在不同态势类型下确定权重，需要进一步改进，提升评价指标权重的客观性。在今后的研究中，要着重以影响空战结果为指标选择的依据，加强优势函数法客观性的改进。

（3）在分析空战攻击占位决策和机动规避决策时，都是以近似动态规划法和强化学习方法为框架进行研究。首先，这两种理论对状态维数都比较敏感，容易引起维数灾难问题。常见的方法都是通过将连续的状态空间和动作空间进行离散来实现问题的简化。但是面临的问题是，现实中都是连续量实现对战机的控制，这在一定程度上影响了机动决策效果。在今后的研究中，要着重加强对维数灾难问题解决方法的研究；同时，关注状态空间和动作空间的离散化问题，优化两种空间的离散化方式，实现对战机的智能控制，使战机应对复杂多变的战场环境时更具健壮性。此外，在训练神经网络模型时，敌方的动作选择策略对智能体的机动选择具有至关重要的作用，因此在模型训练时，敌方的动作选择策略也应更具智能化。

参考文献

[1] 郭昊，周德云，张堃. 无人作战飞机空战自主机动决策研究[J]. 电光与控制，2010（8）：28-32.

[2] 陈中起，于雷，隋永华，等. 战斗机突击作战实时辅助决策研究[J]. 应用科学学报，2012，30（5）：545-551.

[3] 顾佼佼，赵建军，徐海峰，等. 基于 SPA 及 PSO 的超视距空战态势评估[J]. 系统工程与电子技术，2014（4）：691-696.

[4] 姜龙亭，寇雅楠，王栋，等. 改进近似动态规划法的攻击占位决策[J]. 火力与指挥控制，2019，44（7）：135-141.

[5] 董海霞，邹杰，王永庭. 基于协同攻击区模型的多机最优攻击占位决策[J]. 火力与指挥控制，2018，43（12）：11-15.

[6] 张堃，周德云. 空战目标机规避仿真设计研究[J]. 计算机仿真，2008（11）：98-100，123.

[7] 李化涛，陈晓明，杨欣. 基于 OODA 的红外导弹作战效能灰色评估[J]. 云南民族大学学报（自然科学版），2019，28（4）：366-370，407.

[8] 吴江，宋晗，周锐，等. 基于扩展影响图的超视距空战辅助决策方法[J]. 控制与决策，2010，25（11）：1669-1674.

[9] 乔鑫，孔繁峨，冯星，等. 单机超视距空战智能辅助决策方法[J]. 电光与控制，2011，18（6）：9-15.

[10] 丁全心. 现代空战中的战术辅助决策技术[J]. 电光与控制，2009，16（12）：1-4.

[11] 郑景嵩，杨诸胜，梁桃红. 基于电磁空间信息的空战辅助决策[J].

电子信息对抗技术，2015，30（5）：29-34.

[12] 魏晓明. 多无人机协同空战分布式任务规划方法研究[D]. 沈阳：沈阳航空航天大学，2014.

[13] 周焘，任波，于雷. 战斗机指挥引导中的威力场模型[J]. 火力与指挥控制，2009（9）：84-87.

[14] 常一哲，李战武，孙源源，等. 基于威力场的超视距协同空战态势评估方法[J]. 火力与指挥控制，2015（10）：40-45.

[15] 王三民，王宝树. 贝叶斯网络在战术态势评估中的应用[J]. 系统工程与电子技术，2004，26（11）：1620-1623.

[16] 王昱，章卫国，傅莉，等. 基于改进证据网络的空战动态态势估计方法[J]. 航空学报，2015（12）：3896-3909.

[17] 王琳，寇英信. Dempster-Shafer 证据理论在空战态势评估方面的应用[J]. 电光与控制，2007（6）：155-157.

[18] Narayana R P, Sudesh K K, Girija G. Situation Assessment in Air-combat: a Fuzzy-Bayesian Hybrid Approach[C]//Procceedings, Proceedings of the International Conference on Aerospace Science and Technology, Bangalore, 2008(63).

[19] Das S, Grey R, Gonsalves P. Situation Assessment Via Bayesian Belief Networks[C]//Proceedings of the Fifth International Conference on Information Fusion. FUSION 2002. (IEEE Cat. No. 02EX5997). IEEE, 2002, 1: 664-671.

[20] 杨任农，房育寰，张振兴，等. 变分自编码器结合聚类算法在空战态势评估问题上的应用[J]. 国防科技大学学报，2019，41（4）：144-155.

[21] 吴文海，周思羽，高丽，等. 基于导弹攻击区的超视距空战态势评估改进[J]. 系统工程与电子技术，2011，33（12）：2679-2685.

[22] 史振庆，梁晓龙，张佳强，等. 基于导弹攻击区的空战态势评估[J]. 火力与指挥控制，2018，43（9）：89-93，98.

[23] 周焘，任波，于雷. 战斗机指挥引导中的威力场模型[J]. 火力与指挥控制，2009（9）：84-87.

[24] 张涛，于雷，周中良，等. 基于人工势场启发粒子群算法的空战机动决策[J]. 电光与控制，2013，20（1）：77-82.

[25] 张涛，于雷，周中良，等. 基于混合算法的空战机动决策[J]. 系统工程与电子技术，2013，35（7）：1445-1450.

[26] 常一哲，李战武，孙源源，等. 基于威力场的超视距协同空战态势评估方法[J]. 火力与指挥控制，2015（10）：40-45.

[27] 李志强，胡晓峰，司光亚，等. 一个基于人工势场的战场态势分析模型[J]. 系统仿真学报，2006（12）：3603-3607.

[28] Li G, Li D, Zhou Y, et al. An Evaluation Method of Combat Service Operation Performance for Surface-to-Air Missile based on FAHP[C]// IEEE International Conference on Computer Science & Automation Engineering, 2012, 2: 643-647.

[29] 肖亮，黄俊，徐钟书. 基于空域划分的超视距空战态势威胁评估[J]. 北京航空航天大学学报，2013，39（10）：1309-1313.

[30] 王向华，覃征，刘宇，等. 径向基神经网络解决威胁排序问题[J]. 系统仿真学报，2004，16（7）：1576-1579.

[31] 王昱，章卫国，傅莉，等. 基于改进证据网络的空战动态态势估计方法[J]. 航空学报，2015（12）：3896-3909.

[32] 顾佼佼，赵建军，徐海峰，等. 基于 SPA 及 PSO 的超视距空战态势评估[J]. 系统工程与电子技术，2014（4）：691-696.

[33] Burgin G H, Sidor L B. Rule-based Air Combat Simulation[R]. Titan Systems Inc La Jolla Ca, 1988.

[34] Ho Y C, Bryson A, Baron S. Differential Games and Optimal Pursuit Evasion Stratrgies[J]. IEEE Transactions On Automatic Control, 1965, 10(4): 385-389.

[35] Park H, Lee B Y, Tahk M J, et al. Differential Game based Air Combat Maneuver Generation using Scoring Function Matrix[J]. International Journal of Aeronautical and Space Sciences, 2016, 17(2): 204-213.

[36] Kai V, Raivio T, Hamalainen R P. Modeling Pilot's Sequential Maneuvering Decisions by a Multistage Influence Diagram[J]. Journal of Guidance Control & Dynamics, 2004, 27(4): 665-677.

[37] Smith R E, Dike B A. Learning Novel Fighter Combat Maneuver Rules Via Genetic Algorithms[J]. International Journal of Expert Systems, 1995, 8(3): 247-276.

[38] Mcgrew J S, How J P, Williams B, et al. Air-Combat Strategy using Approximate Dynamic Programming[J]. Journal of Guidance Control & Dynamics, 2010, 33(5): 1641-1654.

[39] 魏强，周德云. 基于专家系统的无人战斗机智能决策系统[J]. 火力指挥与控制，2007，32（2）：115-119.

[40] 傅莉，谢福怀，孟光磊，等. 基于滚动时域的无人机空战决策专家系统[J]. 北京航空航天大学学报，2015，41（11）：1994-1999.

[41] 祝世虎，董朝阳，张金鹏. 基于神经网络与专家系统的智能决策支持系统[J]. 电光与控制，2006，13（1）：8-11.

[42] 王炫，王维嘉，宋科璞，等. 基于进化式专家系统树的无人机空战决策技术[J]. 兵工自动化，2019，38（1）：42-47.

[43] 万伟，姜长生，吴庆宪. 单步预测影响图法在空战机动决策中的应用[J]. 电光与控制，2009，16（7）：13-16，28.

[44] 钟麟，佟明安，钟卫，等. 多级影响图在空战机动决策中的应用[J]. 系统工程理论与实践，2006（10）：137-140.

[45] 周思羽，吴文海，孔繁峨，等. 基于随机决策准则的改进多级影响图机动决策方法[J]. 北京理工大学学报，2013，33（3）：296-301.

[46] 钟友武，杨凌宇，柳嘉润，等. 基于智能微分对策的自主机动决策方法研究[J]. 飞行力学，2008，26（6）：29-33.

[47] 黄长强，赵克新，韩邦杰，等. 一种近似动态规划的无人机机动决策方法[J]. 电子与信息学报，2018，40（10）：2447-2452.

[48] 梅丹，刘锦涛，高丽. 基于近似动态规划与零和博弈的空战机动决策[J]. 兵工自动化，2017，36（3）：35-39.

[49] 徐安，于雷，寇英信，等. 基于 MDP 框架的飞行器隐蔽接敌策略[J]. 系统工程与电子技术，2011，33（5）：1063-1068.

[50] 孙楚，赵辉，王渊，等. 基于强化学习的无人机自主机动决策方法[J]. 火力与指挥控制，2019，44（4）：142-149.

[51] 左家亮，杨任农，张滢，等. 基于启发式强化学习的空战机动智能决策[J]. 航空学报，2017，38（10）：217-230.

[52] 李高垒，马耀飞. 基于深度网络的空战态势特征提取[J]. 系统仿真学报，2017，29（S1）：98-105，112.

[53] 赵嘉，姚占峰，吕莉，等. 基于相互邻近度的密度峰值聚类算法[J/OL]. 控制与决策，2019：1-10[2019-09-26]. https:// doi.org/10.13195/j.kzyjc. 2019.0795.

[54] 张志龙，李爱华，李楚为. 基于密度峰值搜索聚类的超像素分割算法[J/OL]. 计算机学报，2019：1-17[2019-09-26]. http:// kns.cnki.net/kcms/detail/11.1826.TP.20190924.1346.002.html.

[55] Sun L P, Tao T, Zheng X Y, et al. Combining Density Peaks Clustering and Gravitational Search Method to Enhance Data Clustering[J]. Engineering Applications of Artificial Intelligence, 2019: 85.

[56] Ni L, Luo W J, Zhu W J, et al. Clustering by Finding Prominent Peaks in Density Space[J]. Engineering Applications of Artificial Intelligence, 2019: 85.

[57] 王洋，张桂珠. 自动确定聚类中心的密度峰值算法[J]. 计算机工程与应用，2018，54（8）：137-142.

[58] 王永利. 基于卷积的主成分分析特征提取算法研究[D]. 北京：北京工业大学，2018.

[59] 郭睿. 神经元形态特征提取及其特征的稀疏主成分分析[D]. 武汉：华中科技大学，2017.

[60] 李学思. 复杂环境下的多目标动态协同对抗辅助决策方法研究[D]. 西安：西北工业大学，2017.

[61] 史振庆，梁晓龙，张佳强，等. 基于导弹攻击区的空战态势评估[J]. 火力与指挥控制，2018，43（9）：89-93，98.

[62] 徐西蒙，杨任农，符颖，等. 基于 ELM_AdaBoost 强预测器的空战目标威胁评估[J]. 系统工程与电子技术，2018，40（8）：1760-1768.

[63] Li G, Li D, Zhou Y, et al. An Evaluation Method of Combat Service Operation Performance for Surface-to-Air Missile based on FAHP[C]// IEEE International Conference on Computer Science & Automation Engineering, 2012, 2: 643-647.

[64] 张淘沙，鲁艺. 强生存条件下的飞行器变权重航迹规划研究[J]. 电光与控制，2015，22（1）：54-58.

[65] 陈晓剑，梁梁. 系统评价方法及应用[M]. 合肥：中国科学技术大学出版社，1993.

[66] 朱宝鎏，朱荣昌，熊笑非. 作战飞机效能评估[M]. 2 版. 北京：航空工业出版社，2006.

[67] 方学毅，刘俊贤，周德云. 基于背景插值的空空导弹攻击区在线

模拟方法[J]. 系统工程与电子技术，2019，41（6）：1286-1293.
[68] 黄威，任洋. 基于自适应步长的空空导弹攻击区解算方法[J]. 电光与控制，2019，26（5）：55-58.
[69] 李枭扬，周德云，冯琦，等. 基于遗传规划的空空导弹攻击区拟合[J]. 弹箭与制导学报，2015，35（3）：16-18，22.
[70] 吴文海，周思羽. 基于导弹攻击区的超视距空战态势评估改进[J]. 系统工程与电子技术，2011，33（12）：21-25.
[71] Borkar V, Miclo L. On the Fastest Finite Markov Processes[J]. Journal of Mathematical Analysis and Applications, 2016, 481(2).
[72] 王坤，刘鹤飞. 隐马尔科夫异分布模型的贝叶斯推断[J]. 统计与决策，2019，35（15）：72-74.
[73] 徐选华，刘尚龙. 考虑时间序列的动态大群体应急决策方法[J/OL]. 控制与决策，2019：1-10[2019-09-26]. https://doi.org/10.13195/ j.kzyjc.2019.0088.
[74] Mcgrew J S, How J P, Williams B, et al. Air-Combat Strategy using Approximate Dynamic Programming[J]. Journal of Guidance Control & Dynamics, 2010, 33(5): 1641-1654.
[75] 姜龙亭，寇雅楠，王栋，等. 改进近似动态规划法的攻击占位决策[J]. 火力与指挥控制，2019，44（7）：135-141.
[76] Frenkabc J B G. On Equivalent Results in Minimax Theory[J]. European Journal of operational Research, 2004, 157(1): 46-58.
[77] 杨柳，李湘湘. 互联网背景下被随机变量截断的酒店客房超售模型[J]. 湘潭大学学报（自然科学版），2019，41（1）：102-109.
[78] Zhang X, Liu G, Yang C, et al. Research on Air Confrontation Maneuver Decision-Making Method based on Reinforcement Learning[J]. Electronics, 2018, 7(11): 279.
[79] Tsitsiklis J N, Van Roy B. Analysis of Temporal-Difference Learning

with Function Approximation[C]//Advances in neural Information Processing Systems, 1997: 1075-1081.

[80] 胡越，罗东阳，花奎，等. 关于深度学习的综述与讨论[J]. 智能系统学报，2019，14（1）：1-19.

[81] 杨彬，贺正洪. 一种 GRNN 神经网络的高超声速飞行器轨迹预测方法[J]. 计算机应用与软件，2015，32（7）：239-243.

[82] 胡金铭，史晓东，苏劲松，等. 引入复述技术的统计机器翻译研究综述[J]. 智能系统学报，2013，8（3）：199-207.

[83] 权波，杨博辰，胡可奇，等. 基于 LSTM 的船舶航迹预测模型[J]. 计算机科学，2018，45（S2）：126-131.

[84] Alahi A, Goel K, Ramanathan V, et al. Social LSTM: Human Trajectory Prediction in Crowded Spaces[C]// Computer Vision & Pattern Recognition, 2016.

[85] 张振兴，杨任农，张彬超，等. 空战飞行对敌目标逼近航迹预测仿真[J]. 空军工程大学学报（自然科学版），2018，19（2）：33-37.

[86] 殷豪，黄圣权，刘哲，等. 基于模糊信息粒化和长短期记忆网络的短期风速预测[J/OL]. 电测与仪表，2019：1-7[2019-03-12].

[87] 左家亮，杨任农，张滢，等. 基于模糊聚类的近距空战决策过程重构与评估[J]. 航空学报，2015，36（5）：1650-1660.

[88] 董彦非，冯惊雷，张恒喜. 多机空战仿真协同战术决策方法[J]. 系统仿真学报，2002（6）：723-725.

[89] 吕学志，胡晓峰，吴琳，等. 战役态势认知的概念框架[J]. 火力与指挥控制，2019，44（7）：1-6.

[90] 欧微，易朝晖，朱岑. 面向智能态势认知的战场数据编码描述方法[J]. 指挥与控制学报，2019，5（1）：69-73.

[91] Clark R A, Mcgough R, Paterson K. Reliability of an Inexpensive and

Portable Dynamic Weight Bearing Asymmetry Assessment System Incorporating Dual Nintendo Wii Balance Boards[J]. Gait & Posture, 2011, 34(2): 288-291.

[92] Huang C, Dong K, Huang H, et al. Autonomous Air Combat Maneuver Decision using Bayesian Inference and Moving Horizon Optimization[J]. Journal of Systems Engineering and Electronics, 2018, 29(1): 86-97.

[93] Park H, Lee B Y, Tahk M J, et al. Differential Game based Air Combat Maneuver Generation using Scoring Function Matrix[J]. International Journal of Aeronautical and Space Sciences, 2016, 17(2): 204-213.

[94] Kai V, Raivio T, Hamalainen R P. Modeling Pilot's Sequential Maneuvering Decisions by a Multistage Influence Diagram[J]. Journal of Guidance Control & Dynamics, 2004, 27(4): 665-677.

[95] Burgin G H, Sidor L B. Rule-based air Combat Simulation[R]. Titan Systems Inc La Jolla Ca, 1988.

[96] Chappell A R. Knowledge-based Reasoning in the Paladin Tactical Decision Generation System[J]. NASA-CR-4507, 1993.

[97] Ernest, Nicholas & Carroll, David & Schumacher, Corey & Clark, Matthew & Cohen, Kelly & Lee, Gene.(2016). Genetic Fuzzy based Artificial Intelligence for Unmanned Combat Aerial Vehicle Control in Simulated Air Combat Missions. Journal of Defense Management. 06. 10.4172/2167-0374.1000144.

[98] Rodin E Y, Amin S M. Maneuver Prediction in Air Combat Via Artificial Neural Networks[J]. Computers & Mathematics with Applications, 1992, 24(3): 95-112.

[99] Mcgrew J S, How J P, Williams B, et al. Air-Combat Strategy using

Approximate Dynamic Programming[J]. Journal of Guidance Control & Dynamics, 2010, 33(5): 1641-1654.

[100] Ma Y, Ma X, Song X. A Case Study on Air Combat Decision using Approximated Dynamic Programming[J]. Mathematical Problems in Engineering, 2014(4).

[101] Fang J, Zhang L, Fang W, et al. Approximate Dynamic Programming for CGF Air Combat Maneuvering Decision[C]// IEEE International Conference on Computer and Communications. IEEE, 2017: 1386-1390.

[102] 徐安，寇英信，于雷，等. 基于 RBF 神经网络的 Q 学习飞行器隐蔽接敌策略[J]. 系统工程与电子技术，2012，34（1）：97-101.

[103] 张立鹏，魏瑞轩，李霞. 无人作战飞机空战自主战术决策方法研究[J]. 电光与控制，2012，19（2）：92-96.

[104] Park H, Lee B Y, Tahk M J, et al. Differential Game based air Combat Maneuver Generation using Scoring Function Matrix[J]. International Journal of Aeronautical and Space Sciences, 2016, 17(2): 204-213.

[105] Ehtamo H, Raivio T. On applied Nonlinear and Bilevel Programming or Pursuit-Evasion Games[J]. Journal of Optimization Theory and Applications, 2001, 108(1): 65-96.

[106] 魏慎娜. 基于新型态势函数的空战微分对策问题研究[D]. 沈阳：沈阳航空航天大学，2018.

[107] 李伟. 基于微分对策理论的无人战机空战决策方法研究[D]. 沈阳：沈阳航空航天大学，2014.

[108] Kai V, Raivio T, Hamalainen R P. Modeling Pilot's Sequential Maneuvering Decisions by a Multistage Influence Diagram[J]. Journal of Guidance Control & Dynamics, 2004, 27(4): 665-677.

[109] Burgin G H, Sidor L B. Rule-based Air Combat Simulation[R]. Titan

Systems Inc La Jolla Ca, 1988.

[110] Ernest N, Cohen K, Kivelevitch E, et al. Genetic Fuzzy Trees and Their Application Towards Autonomous Training and Control of a Squadron of Unmanned Combat Aerial Vehicles[J]. Unmanned Systems, 2015, 3(3): 185-204.

[111] Ernest N, Carroll D, Schumacher C, et al. Genetic Fuzzy based Artificial Intelligence for Unmanned Combat Aerial Vehicle Control in Simulated Air Combat Missions[J]. Journal of Defense Management, 2016, 6(1): 2167-0374.1000144.

[112] Teng T H, Tan A H, Tan Y S, et al. Self-Organizing Neural Networks for Learning Air Combat Maneuvers[C]//The 2012 International Joint Conference on Neural Networks(IJCNN). IEEE, 2012: 1-8.

[113] Lewis M S, Aiken E W. Piloted Simulation of One-on-One Helicopter Air Combat at NOE Flight Levels： NASA-TM-866686[R]. Washington, D. C.：NASA, 1985.

[114] Ma X, Xia L, Zhao Q. Air-Combat Strategy using Deep Q-Learning[C]//2018 Chinese Automation Congress(CAC). IEEE, 2018: 3952-3957.

[115] Yuan W L, Duan W, Peng S C, et al. Decision-Making of One-on-One Beyond-Visual-Range Air Combat based on Improved Q-Network[C]//2018 IEEE International Conference on Mechatronics and Automation(ICMA). IEEE, 2018: 809-815.

[116] Wang J, Ding D, Han B, et al. Fast Calculation Method of UCAV Maneuver Flight Control based on RBF Network[C]//Journal of Physics：Conference Series. IOP Publishing, 2018, 1087(2): 22-27.

[117] 肖飞，刘全，傅启明，等. 基于自适应势函数塑造奖励机制的梯度下降 Sarsa(λ)算法[J]. 通信学报，2013，34（1）：77-88.

[118] 刘全，肖飞，傅启明，等. 基于自适应归一化 RBF 网络的 *Q-V* 值函数协同逼近模型[J]. 计算机学报，2015，38（7）：1386-1396.

[119] 王向华，覃征，刘宇，等. 径向基神经网络解决威胁排序问题[J]. 系统仿真学报，2004，16（7）：1576-1579.

[120] McAnally K, Davey C, White D, et al. Inference in the Wild: A Framework for Human Situation Assessment and a Case Study of Air Combat[J]. Cognitive science, (S0364-0213), 2018, 42(7): 2181-2204.

[121] 朱建益. 空战中的威胁估计与态势评估研究[D]. 西安：西安电子科技大学，2013.